大人の道徳

西洋近代思想を問い直す

古川雄嗣

東洋経済新報社

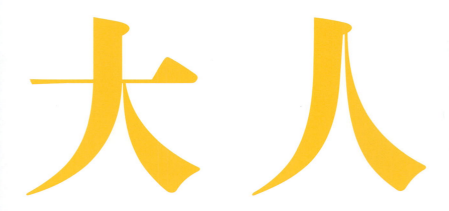

はじめに――「大人」への入門

いまさら聞けない「道徳」の「教科化」

2018（平成30）年度から、小学校の「道徳」が「教科」になりました。中学校でも、2019年度から、「教科」としての「道徳」の授業がはじまります。

このことは、この数年来、新聞やテレビでもさかんに報じられ、論じられていますから、読者の皆さんは、すでにご存じのことでしょう。「道徳」をテーマにしている本書を手に取られた読者なら、なおさらのことです。

とはいえ、「道徳」が「教科」になるというのは、どういうことなのか。結局のところ、何がどう変わるのか。じつは、そのへんのことは、あまりよくわからない、という人も、意外に少なくないようです。

安心してください。じつをいうと、いわゆる「研究者」でさえ、教育学を専門とする人以外は、たいていそうなのです。私もよく、他分野の研究者から、(こっそりと)こう聞かれます。「あのう、私たちの頃も、『道徳』の授業はありましたけど……」。

そこでまずは、いまさら聞くに聞けなくなってしまった感のある、この「道徳」の「教科化」とは何なのかということについての、簡単なおさらいから、はじめてみましょう。

これまでの「道徳」は、「道徳の時間」と呼ばれるものでした。

「教科」ではなく、「時間」だったのです。

どういうことかというと、この「道徳の時間」というのは、「各教科の時間」「総合的な学習の時間」「特別活動の時間」と並ぶ、教育課程(カリキュラム)を構成する「領域(時間)」の1つでした。

「道徳の時間」は、「各教科の時間」とは区別された、別の領域だったのです。

だから、これまでの学校では、「道徳」の授業はあっても、それは「教科」ではなく、いわゆる「教科外活動」の1つであったわけです。

ところが、2015(平成27)年3月に学習指導要領が一部改訂され、「道徳の時間」が「特別の教科 道徳」に変わることになりました。そしてこれが、小学校では2018年度から、中学校では2019年度から、はじまることになったのです。

もちろん、これも「各教科」とは別の領域ですから、「道徳」が教科になるといっても、国語や算数と並ぶ、「各教科」のうちの1つになるというわけではありません。あくまでも、「各教科」とは別の、まさに「特別の」教科です。

けれども、やはり、教科は教科なのです。

だから、これからの「道徳」は、「道徳の時間」ではなく、国語科や算数科と同じように、「道徳科」と呼ばれます。

ちょうど、戦前の日本では「修身《しゅうしん》科」という教科で道徳が教えられていたように、これからは**「道徳科」という教科で、道徳が教えられることになる**わけです。

では、教科外活動が教科に変わることによって、具体的に、何が変わるのでしょうか。

まず第一に、教科である以上、「教科書」を使用することになります。

「いや、私たちの頃も『道徳』の教科書はありましたよ?」ともよく聞かれますが、やはり違うのです。

あれは「副読本」といって、教員が必要に応じて使用することができるというだけのものでした。使用しなければならないわけではありません。けれども、「教科書」は、法律(学校教育法第34条)によって、すべての学校教員に対して使用が義務づけられています。

したがって、これからの「道徳」の授業では、「各教科」と同じように、教科書検定を経て、おのおのの自治体や私立学校で採択された教科書にのっとった、体系的で計画的な授業、すなわち「教授活動」が行なわれることになるわけです。

第二に、教科である以上、それは「評価」の対象になります。

いまのところ、「各教科」のように点数をつけるわけではないとされていますが、それでも、子どもたちが「教授内容」をきちんと習得したかどうかを、教員は何らかの仕方で、評価することになります。

要するに、これからの「道徳」の授業は、これまでのように、『がんこちゃん』（『ざわざわ森のがんこちゃん』）や『さわやか3組』などのテレビ番組を観て終わりとか、学芸会の準備や合唱の練習にあてて「やったことにする」とかということは、できなくなるわけです。

これからの学校では、「道徳」の授業は、国語や算数などの各教科と同じように、何を、何のために、教えるべきかを、教員がはっきりと自覚し、それを体系的に、順序立てて、教えていかなければならないことになったのです。

とはいえ、では、いったい「道徳」とは、何を教える／学ぶものなのでしょうか。いや、その前に、そもそもなぜ、わざわざ学校で、「道徳」を教えなければ／学ばなければならないのでしょうか。

これらは、かならずしも自明のことではありません。

いや、ほんとうはほとんど自明なのですが（それを論じるのが本書です）、それは現場の学校教員たちにも、道徳教育についてあれこれと論じている教育学者や知識人たちにも、ほとんど自覚されていないように、私には思われます。

その証拠に、というべきか、この「道徳の教科化」問題をめぐっては、いわゆる左派・進歩派と右派・保守派とのあいだで、あいも変わらぬつまらない論争が続いています。

左派・進歩派は、こういいます。国家が、教育によって、特定の価値を子どもたちに強制するのはけしからん。戦前の国家主義への逆戻りだ。何を大事な道徳とするかは、人によって違う。それは個人の内面の自由であって、教育はそこに踏み込んではならない。

他方、右派・保守派は、こういいます。思いやり、親切、生命の尊重、故郷への愛着等々は、どれも人間の自然な道徳である。だから、これらを学校で教えることは何も悪いことではない。それを価値の押しつけだなどといって、きちんと教育することを避けてきたからこそ、昨今のいじめ問題にみられるように、子どもたちの心はすっかり荒れ果ててしまったのだ。

さて、読者の皆さんは、どう思われるでしょうか。

私には、これらはどちらも、いっていることが、**ほとんどまったく意味不明です**。

まず、左派がいうように、国家が特定の価値を教育してはならないのであれば、彼らが声高に主張する自由や平等や人権の大切さを子どもたちに教えることも、学校はしてはならないはずです。しかし、学校とは、それらの価値を子どもたちに教え込み、強制するためにこそ、存在しているのではないのでしょうか。

じっさい、私たち大人は、それらの価値を大切にするよう、法律によって強制されているではありませんか。子どもたちを、そういう社会の一員である「大人」へと育て上げ、仕立て上げるために、学校は存在しているのではないのでしょうか。

また、したがって、学校とは、右派がいうような、人間の「自然」な道徳を教えるために存在しているのではありません。そもそも、「自然」なことなら、わざわざ「教育」する必要はないでしょう。「自然」ではないからこそ、教育という「人為」が必要なのです。

左派が好む自由や平等や人権にせよ、右派が好む公共心や愛国心にせよ、これらはすべて、「自然」な価値ではありません。「人間的」な価値であり、「社会的」な価値です。だからこそ、それは学校という「人工的」な制度によって、「人為的」に教育しなければならないのです。

「大人」の「道徳」

このように、少し考えてみるだけでも、「道徳」という教科は、何を、何のために、教えるものなのか、じつはほとんど理解されていないことがわかります。

左の批判派も、右の推進派も、大事なことをきちんと考えないまま、ほとんど感覚だけで、お互いの主張をぶつけあっているだけなのです。

その大事なこととは、**「近代」の人間と社会と国家の論理**にほかなりません。

何をどう考えてみても、学校とは、「近代社会」と「近代国家」を成り立たせるために、それらを担う「近代人」を育成する（つくり出す）ための制度です。それ以上でも、それ以下でも、ありません。

したがって、「道徳」とは、人間がその「近代人」であるために理解し、かつ大切にしなければならない、もろもろの価値のことをいいます。それが自由や平等や人権であり、公共心や愛国心です。それらを教育するのが、「道徳教育」なのです。

ついでにいえば、このことは、教育基本法にもはっきりと記されています。教育のもっとも根本的な理念を定めた、その第一条（教育の目的）には、こう書かれています。

教育は、人格の完成を目指し、平和で民主的な国家及び社会の形成者として必要な資質を備えた心身ともに健康な国民の育成を期して行われなければならない。（傍点は引用者による）

ここにある「人格」という概念は、近代人の理想です。

そして、「平和で民主的な国家及び社会」が、近代国家と近代社会の理想です。

要するに、理想的な近代人であり、かつ理想的な近代国家と近代社会の形成者であるような人間を育成すること。

それが「教育の目的」であると、ここに、はっきりと記されているわけです。

では、そもそも「人格」とは何でしょうか。「平和で民主的な国家及び社会」とは、どのような国家と社会なのでしょうか（そもそも「国家」と「社会」とは何が違うのでしょうか）。そして、その「形成者として必要な資質」とは、どのような資質のことをいうのでしょうか。

もし私たちが、これらのことをきちんと理解できていないのだとすれば、それは私たちが、学校でまともに「道徳」を教わらなかったことを意味します。

したがって、それは私たちが、社会と国家を形成する人間として、未熟であるということ、つまり、**まだ「大人」になれていない**、ということを意味するのです。

そして、もちろん、学校で「道徳」を教えなければならない小中学校の教員は、これらのことを、きちんと論理的に整理して、理解できていなければならないはずです。

しかし、失礼ながら、そんな教員がどれくらいいるでしょうか。少なくとも、私が3年間、国立教員養成大学に勤めるなかで出会った、現職の学校教員や教員志望の学生たちのなかに、そんな人は、ほとんどいませんでした。

西洋近代思想から考える

そこで、本書では、その本来「道徳」で教えなければ／学ばなければならない、近代の人間と社会と国家の論理を、できるだけわかりやすく解説することにしました。

「人格」とは何か。「自由」とは何か。「民主主義」とは何か。「国家」とは何か。

これらを、デカルト、カント、ルソーなどの西洋近代思想をもとに、しかも、中学・高校の学習内容にまでさかのぼって、可能なかぎり平易に解き明かしています。

それによって、誰もが、もう一度、ゼロから「道徳」を学び直せるように工夫しました。

もちろん、教科になった「道徳」でいったい何を教えればよいのかと悩んでいる、現職の学校教員のかたがたや、学校教員をめざしている学生諸君には、ぜひ読んでもらいたいと考えています。

しかし、それと同時に、ぜひとも本書を一読してみてほしいのは、残念ながらこれまでの学校教育のなかで、まともに「道徳」を教わる機会がなかった人、つまり、現代の日本社会の、ほとんどすべての「社会人」の皆さんです。

もちろん、私自身もそうでした。だから私は、大学で「思想」を勉強することによって、どうにかそれを学び直したのです。

学校もメディアも教えてくれなかったことを、私は大学で、書物から、学び直しました。それは、目から鱗が落ちるような学びの体験でした。だからこそ、この学びの体験を、1人でも多くの「社会人」の皆さんと、共有したいと考えて、本書を執筆しました。

いったい、「社会人」とは何でしょうか。

たんに学校を卒業して就職すれば、それで「社会人」になれるわけではありません。「社会人」とは、たんなる「私」として生きて存在するのではなく、社会と国家のなかで、ある特定の価値を実現しながら生きて活動し、それによって社会と国家をつくる人間です。

そして、そういう人間であってはじめて、私たちは「大人」と呼ばれるようになるのです。

では、その「ある特定の価値」とは何でしょうか。

本書が論じている「大人」の価値とは、次のようなものです。

「大人」は、自分のやりたいことをやりたいようにやっていてはダメなのです。

ダメなものはダメという、絶対的なルールを、みずからに課さなければなりません。

法に服従し、祖国を愛し、そして、時と場合によっては、なんと、祖国のために死ぬということさえ、できなければならないのです。

いっけん、これらは不快や反発、あるいは嘲笑を招くかもしれません。

それは当然のことです。先ほどもいったように、これらのことは、学校もメディアも、教えてはくれないからです。むしろそこでは、反対のことばかりが説かれてきました。

けれども、きちんと論理的に考えてみれば、こうなのではないか、ということを、本書は示しています。

だから、なぜそうなのか、ほんとうにそうなのかどうかを、ぜひ読者の皆さんにも、いっしょに考えてみてほしいのです。

じっさい、これらの問題を、まずは自分の頭で、論理的に考えることこそが、学校教育における「道徳」の目標であるべきではないのかと、私は思うのです。

文部科学省は、「考え、議論する道徳」なる標語を掲げています。もしほんとうにそうであるのなら、私たちはまず、これらの問題についてこそ、考え、議論しなければならないはずではないのでしょうか。

それは結局、「思想」を訓練するということに、ほかなりません。

「大人」になるということは、自分の頭で考えることができるようになるということ、すなわち、思想をすることができるようになるということなのです。

本書はそのための「入門書」です。「思想入門」と「大人入門」のための本なのです。

1人でも多くの人が、本書をきっかけに、この門に入ってくださることを願っています。

大人の道徳

目次

第3章 なぜ「やりたいことをやりたいようにやる」のはダメなのか——デカルトから考える「自由」と「道徳」

第4章　なぜ「ならぬことはならぬ」のか
──カントから考える「人格の完成」

第6章 なぜ「誰もが市民でもあり、奴隷でもある」のか――ルソーから考える「市民」の徳

第7章　なぜ「学校は社会に対して閉じられるべき」なのか——共和主義から考える「士民」の徳

第1章

なぜ「学校」に通わなければならないのか

「近代」の意味から考える「学校」の存在理由

1　「学校」――人類史上未曾有の大プロジェクト

「学校」がなかった頃

なぜ、わざわざ「学校」で、私たちは「道徳」を学ばなければならないのでしょうか。

これは、考えてみれば不思議なことです。いったい、私たちのなかに、学校で「道徳」の授業を受けることによって、はじめて道徳（と一般に呼ばれているもの）を身につけることができたという人は、どれくらいいるでしょうか。

私たちが、日常のなかで「道徳」と呼んでいるもの――人のものを盗んではいけない、他人にはなるべく親切にしたほうがよい、目上の人には敬語を使う、等々――は、たいてい、まさに日常の生活のなかで、なかば自然に、身につけていくものです。わざわざ学校で、しかも「教科」として、6年も9年もかけて教わる必要など、ほとんどないはずです。

「生活が陶冶《とうや》する」という、教育学の世界では有名なペスタロッチ（18世紀の教育学者）という人の言葉があります。「陶冶」とは「人間形成」というほどの意味ですが、たしかに、それはそのとおりでしょう。子どもは、「学校」という、実社会から隔離された特殊な空間に囲い込まれるのではなく、日常の生活のなかでの、具体的な経験を通じてこそ、生きた道徳を身につけて「陶冶」されていくはずです。

現に、まだ日本の社会に「学校」という教育制度がなかった頃、日本の子どもたちは、総じて、大人と同じように礼儀正しく道徳的な振る舞いをしたといいます。幕末・明治初期に来日した欧米人たちの膨大な観察記をもとに、当時の日本社会の姿を垣間見た渡辺京二氏の名著『逝きし世の面影』（平凡社ライブラリー、２００５年［葦書房、１９９８年］）には、その多数の証言が引用されています。

「十歳から十二歳位の子どもでも、まるで成人した大人のように賢明かつ落着いた態度をとる」。このことに、当時日本を訪れた欧米人たちは、みな一様に驚かされました。いや、10才どころか、なんと、ある5才の女の子が、「お人形をご覧になられますでしょうか。別の部屋においで下さる労をおかけしますことをどうかお許しください」と、完璧な礼儀作法で客人を案内したという記録も残っています。

なんということでしょう。就活セミナーで、まずお辞儀の仕方やあいさつの仕方から教わらなければならない私たちが、いささか情けなく思えてくるのではないでしょうか。

しかし、これは当然といえば当然のことなのです。

なぜなら、**当時の日本社会には、こんにちのような「大人」と「子ども」という区別が、ほとんど存在しなかった**からです。

子どもたちは、物心ついた頃から、大人の社会のなかで、大人と同じように労働し、生活しました。つまり、ちょうど動物の子どもが、親の真似をすることで、餌の獲り方や狩りの仕方を自然に覚えていくように、当時の子どもたちは、大人といっしょに生活するなかで、「こういうときはこうするものなのだ」ということを、自然に学び（＝真似《まね》び）、習慣として、身につけていったのです。

ついでにいうと、だから逆に、当時の日本社会の大人たちが、あまりにも「子どもっぽい」ことにも、欧米人たちはたいへんな驚きを感じたようです。大の大人が、小さな子どもたちといっしょになって、凧揚げだのコマ回しだのといった幼稚な遊びに興じている姿は、彼らにとって異様だったのです。

それはそうでしょう。現代の感覚でいえば、それはスーツを着た立派なビジネスマンが、公園の砂場で、幼稚園児たちといっしょになって、泥んこ遊びをして、はしゃぎまわっているようなものだったのですから。

要するに、当時の社会では、子どもはたんなる「小さな大人」であり、大人はたんなる「大きな子ども」だったのです。

やや極端ない い方をすれば、当時の子どもたちは、動物が自然に成長して大人（成体）になるように、自然に成長して大人になったということです。そこに何か特別な「教育」は必要ありませんでした。

もちろん、いわゆる読み・書き・そろばんなど、生活のために必要な知識と技術を身につけるための教育は存在しました。しかし、それも基本的には、ひたすら大人を見習って真似ることに終始するものでした。つまり、人為的な「教育」というよりは、自然な「学習」だけが存在したのです（この江戸の「学習文化」については、辻本雅史『「学び」の復権――模倣と習熟』岩波現代文庫、2012年［角川書店、1999年］を参照）。

「大人」の発見

では、なぜこんにちの私たちの社会は、「教育」を必要とするのでしょうか。

それは、こんにちの私たちにとって、「子ども」はたんなる「小さな大人」ではなく、「大人」

はたんなる「大きな子ども」ではないからです。そこには、ある明確な境界、つまり質的な断絶があります。「子ども」は「大人ではない存在」であり、「大人」は「子どもではない存在」なのです。

「子ども」は「大人」ではない！

何を当たり前のことをいっているのだと思われるかもしれませんが、じつはこれは、人類史上の新たな「発見」だったのです。この「発見」が、「近代」という時代のはじまりであったといっても、過言ではありません。

このことを、社会学者のフィリップ・アリエスは、**『「子ども」の誕生』**と呼びました（『〈子供〉の誕生――アンシァン・レジーム期の子供と家族生活』みすず書房、１９８０年〔原著、１９６０年〕）。「大人ではない存在」としての「子ども」という観念は、近代以前には存在しなかったのです。

重要なことは、この『子ども』の誕生」は、同時に**「『大人』の誕生」**でもあったということです。

いや、正確にいえば、まず「大人」が発見され、その影として、「子ども」が発見されたのです。まず「大人」という存在が、たんに自然に大きくなっただけの「大きな子ども」ではなく、ある特定の価値を身につけた、特別な存在として認識されました。そして、その結果として、まだそれを身につけていない、未熟な（と同時に、純粋無垢な）存在として、「子ども」という存在が認識されるようになったわけです。

「教育」の誕生

そうすると、こういうことになります。

子どもとは、ただほうっておけば、自然に大人になるものではありません。そうではなく、「大人」が身につけるべき特定の価値を「教育」することによって、人為的に「大人」にするべきものなのです。

そして、そうすると、原理的に、「すべての子ども」は「教育」を必要とする、ということにもなります。

これが、人類史上における**「教育」の誕生**なのです。

「人間は教育によって、はじめて人間になることができる」。

「人間は教育を必要とする唯一の被造物である」。

18世紀のドイツの哲学者、イマヌエル・カントはこういいましたが、これらは、まさに、このような近代の「大人」と「子ども」、そして「教育」についての考え方を、きわめて典型的に表わした言葉なのです（本書第4章、参照）。

かくして、**「子ども」を「大人」にするための教育を、「すべての子ども」に対して施すという、人類史上未曾有《みぞう》の大プロジェクト**が誕生することになりました。それが、「学校教育」という制度だったのです。

さて、ではその「大人」とは何者なのでしょうか。

私はいま、「大人」とは、たんに自然に大きくなっただけの存在ではなく、「ある特定の価値」を身につけた存在であるといいました。その「特定の価値」とは何でしょうか。

それが本書のテーマであるわけですが、それを理解するためには、その「特定の価値」が発見されるにいたった、歴史的な背景を理解しなければなりません。

つまり、「近代」という時代の誕生についてです。

そこで本章では、まず、この「近代」とは何かということを、あらためて整理して、確認しておきましょう。

「近代」は「まったく新しい時代」

大学で人文科学や社会科学を学んだことがある人は、「近代」という言葉がしきりに出てきたことを覚えているでしょう。けれども、じつは意外に、そもそもこの「近代」という言葉が何を意味しているのかということを、きちんと整理して学ぶ機会は少ないのではないでしょうか。私の大学教員としての経験でも、「なんとなく最近の時代」といった程度の意味でしか、とらえていない学生がほとんどであるように思います。

たしかに、「近代」とは「最近の時代」のことです。けれども、たんに時間的に、相対的に新しい時代、という意味ではありません。高校の世界史の教科書などでも、人間の歴史は「古代・中世・近代」という3つ（または「古代・中世・近世・近代」という4つ）の時代に区分されていますが、これは、たんに「古代」がいちばん古い大昔、「中世」がまあまあ古い真ん中、そして「近代」がいちばん新しい最近、というだけの意味ではないのです。

そうではなく、この「近代」という言葉には、それ以前の時代とはまったく異なった時代、というほどの、きわめて強い意味が含まれています。言い換えれば、**「近代」とそれ以前とのあいだには、明確な歴史の断絶がある**、ということです（図1−1）。

したがって、「近代」とは、たんなる「最近の時代」ではなく、むしろ「まったく新しい時代」という意味なのです。

それゆえに、この「近代」という時代は、いくつかの「**革命**」によって登場した、という理

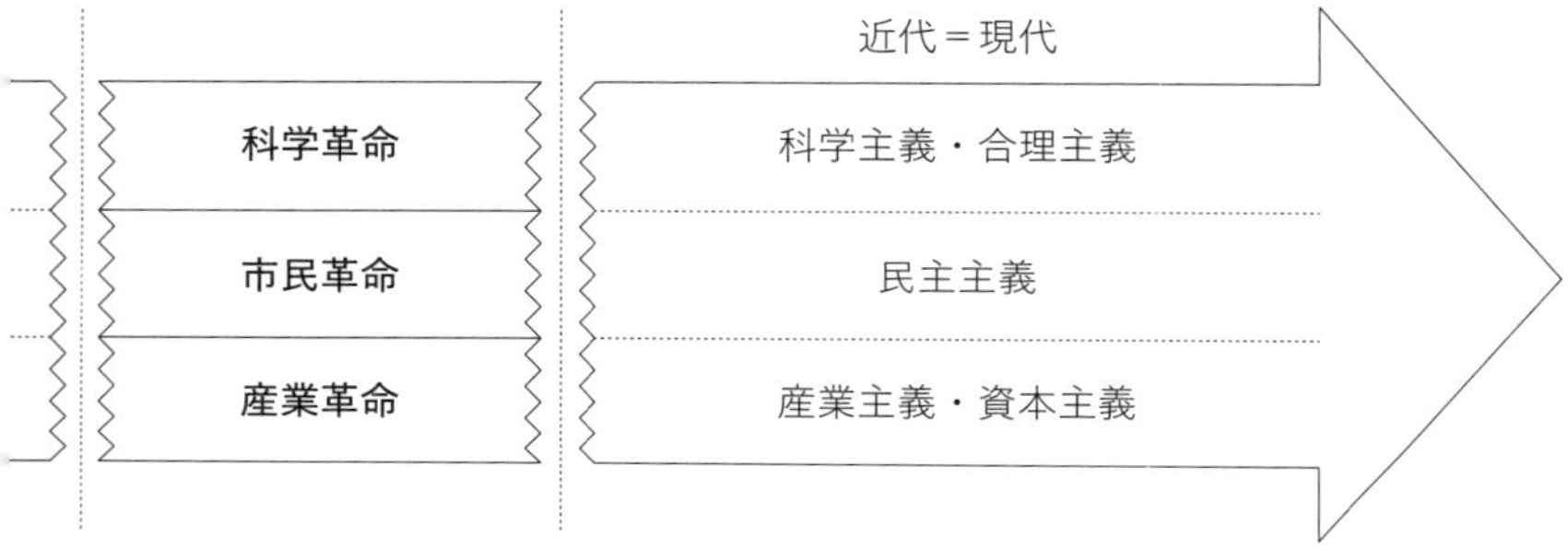

解が一般的です。

「革命」とは、古い価値観や制度がひっくり返って、まったく新しいものが登場することです。いくつかの「革命」によって、古い時代の価値観や制度が破壊され、まったく新しい時代が到来した。これが「近代」という時代の自己認識なのです。

そのなかでも、とくに大きな革命であったとされているのが、**「科学革命」「市民革命」「産業革命」**の3つです。これらはおのおの、精神史（知の歴史）、政治史、経済史における革命です。「科学革命」によって知識についての考え方が変わり、「市民革命」によって政治の仕組みが変わり、「産業革命」によって経済の仕組みが変わった、ということです。

では、何が、どう変わり、どんな「新しい」ものが登場したのでしょうか。そして、それらがどう「学校」に結びつくのでしょうか。順にみていくことにしましょう。

図 1-1

3つの革命と近代の意味

	B.C. 8〜7C	古代	A.D. 4〜5C	中世	14〜15C	近世	17〜18C
精神史		ギリシア哲学		キリスト教		ルネサンス	
政治史		民主主義		封建制		絶対王政	
経済史		奴隷制		農奴制		市民階級(ブルジョワ)の登場	

2 「近代」とは何か(1)
──科学革命がもたらした合理主義

キリスト教の以前と以後

ところで、いうまでもなく、「近代」とは、まず西洋において登場したものです。したがって、古代・中世・近代という時代区分も、もともとは西洋の歴史に関するものです。

そして、とくに精神史、すなわち知の歴史──これは、どういう種類の知識を「真理」であると考えるかについての、考え方の歴史のことです──に関する場合、この時代区分の基準になっているのは、キリスト教との関係です。つまり、キリスト教以前の時代が古代、キリスト教の時代が中世、そしてキリスト教以後の時代が近代、という分け方です。

近代がキリスト教以後であるということは、言い換えれば、知識がキリスト教から解放された、ということです。

そういわれても、イメージしにくいかもしれませんが、近代以前の西洋では、知識とは、すなわちキリスト教を基礎とした知識でした。たとえば、自然や宇宙についてのさまざまな知識も、近代以前の中世においては、あくまでも、「神がつくった自然」についての知識でした。だからそれは、宗教的な意味をもった知識だったのです（本書第2章、参照）。

「知識がキリスト教から解放された」というのは、自然や社会についてのさまざまな知識が、そういう宗教的な意味を脱色されて、宗教とは関係のない、客観的で普遍的な（いつでも、どこでも、誰にとっても、あてはまる）知識が、新たに発見された、ということを意味します。

そして、だからこそ、その客観的で普遍的な、世界共通の知識は、日本を含む非キリスト教文化圏や非西洋世界に、普及していくことにもなったわけです。

古代の哲学、中世のキリスト教

とはいえ、じつはもともとは西洋も、キリスト教ではありませんでした。

キリスト教は、もともとはユダヤ教から派生した新宗教です。ですから、これはもともとは、中東地方の宗教なのです。そしてそれが、紀元1世紀に、地中海をわたってギリシア地方に伝えられました。

ところが、ギリシア地方には、その1000年近くも前から、固有の長い知識の伝統がありました。

それが「哲学」と呼ばれるものです。

したがって、精神史における古代とは、このキリスト教以前のギリシア哲学の時代のことを指します。

では、その「哲学」とは何でしょうか。

これは、細かいことを言い出せば、きりがありません（そもそも「哲学とは何か」という問いじたいも、哲学の問いの1つだったりします）。

そこで、さしあたりここでは、そのもっとも基本的な性格として、「物事を論理的に考えること」というほどの意味に理解しておきましょう。

そして、その物事を論理的に考える人間の能力が、**「理性」**と呼ばれるものです。

つまり、古代とは、知識は哲学によって成り立つものであり、理性によって論理的に説明できることだけが真理である、と考えられた時代です。

そしてこの古代という時代は、だいたい紀元4世紀くらいまで続いたと考えられています。というのは、もともと紀元1世紀にギリシア地方にキリスト教が伝えられはしたのですが、なかなかうまく根づかず、長いあいだ迫害されていました。しかし、紀元4世紀になると、一転してキリスト教がローマ帝国の国教に採用されます。それ以降、ヨーロッパ世界では、キリスト教の考え方や価値観が、あらゆる物事のいちばんの基礎になっていきます。これが「中世」と呼ばれる時代です。

つまり、古代には、人間が理性に基づいて論理的に考えたことが真理であると考えられたのに対して、中世になると、人間が考えることよりも、聖書に書かれているキリスト教の教えが、まず第一の、絶対的な真理である、と考えられるようになったわけです。

こうして、古代が哲学の時代であり、理性中心の時代であったのに対して、中世は宗教の時代であり、信仰中心の時代であったとされているわけです。

古代の復興から「科学」の登場へ

この中世というキリスト教支配の時代は、短く見積もると、だいたい1000年くらい続いたとされています。しかし、14世紀頃になると、また新しい動きが出てきます。それが「ルネサンス」と呼ばれる運動です。

ルネサンスとは、「復興」「再興」「再生」といった意味の言葉で、そこには「失われたものを取り戻す」というニュアンスがあります。だから、ルネサンスを「文芸復興」と訳したりもするわけですが、では何を「復興」するのかというと、これはギリシアを、つまり古代をもう一度取り戻す、という意味です。ルネサンスとは**「古代の復興」**なのです。

簡単にいえば、こういうことです。

いつのまにか、西洋では、キリスト教という圧倒的な権威をもつ宗教が、独善的な真理をふりかざして人間を支配するようになってしまった。しかし、キリスト教に支配される以前のギリシアには、もっと人間が自由に考え、自由に表現できる、すばらしい文化があったではないか。だから、もう一度、キリスト教の支配から脱却して、ギリシア時代のような人間の自由を取り戻そうではないか。

ルネサンスとは、こういうことをめざした運動であったとされています。

このような運動のなかから、古代のように、理性に基づいて自由にものを考えたり、表現したりする人が出てきました。たとえば、15世紀のレオナルド・ダ・ヴィンチは、その典型です。彼は芸術家として有名ですが、同時に自然研究者でもあり、死体を解剖して人体の構造を克明に調べてみたり、鳥がどうして飛べるのかを、羽根の構造を調べて物理学的に研究したりもしました。まさに、理性によって、自然の構造を解明しようとしたわけです。

そして、16世紀になると、ガリレオ・ガリレイが登場します。彼もやはり、望遠鏡で天体の動きを観察して、それを理性によって論理的に分析した結果、じつは、太陽を中心として、地球のほうが動いているのだ、と考える地動説を主張しました。当時は、地球が宇宙の中心で、地球のまわりを天体が動いていると考える天動説のほうが、正しいと信じられていました。これは、聖書にそう書いてあるから、という理由だったとされています（正確には、そう解釈できる箇所がある、というだけなのですが）。しかしガリレオは、理性に基づいて、そうではないと主張したわけです。そのせいで、キリスト教と衝突し、お前は聖書に書かれていることを信じないのかと問題視されて、宗教裁判にまで発展したといわれています。これがいわゆる「ガリレオ裁判」です。

つまり、この時代になると、人間が理性に基づいて論理的に考え、それを実験や観察によって確かめる、という方法で得られた知識こそが、正しい知識、すなわち真理なのだという、新しい考え方が登場してきたのです。

これが、のちに「科学」と呼ばれるようになる知識です。

ガリレオ裁判の伝説は、まさに、この「新しい科学」と「古い宗教」が衝突した事件として、語り継がれています。ガリレオがこの裁判中につぶやいたとされる「それでも地球は動く」という言葉は有名ですが、これも、宗教ではなく、科学によって得られた知識こそが真理なのだという、科学者の信念を表明したものとされているわけです（ただし、このようにガリレオ裁判を「科学と宗教の衝突」とみる見方は、後世の科学者たちによるつくり話であるようです。関心のある人は、たとえば村上陽一郎『科学史からキリスト教をみる』創文社、２００３年などを参照）。

「科学革命」以後の合理主義

このように、ルネサンスをきっかけにして、しだいに宗教に支配されていた古い時代は終わりを告げ、科学という新しい知識を基礎とする、新しい時代がはじまった、と考えられています。これが「近代」です。

ガリレオから1世紀後の17世紀になると、アイザック・ニュートンが万有引力《ユニヴァーサル・グラヴィテーション》の法則を発見します。これはまさに、宇宙《ユニヴァース》の成り立ちを論理的に説明する、普遍的《ユニヴァーサル》な知識の登場を意味したのです。

こうして、16~17世紀にかけて、真理の基準が、宗教（信仰）から科学（理性）へと移り変わっていきます。これが**「科学革命」**です。

つまり、科学革命とは、「世界の見方」と「ものの考え方」の劇的な変革だったのです。

近代とは、これまで絶対的に正しいとされてきた宗教の教えや、なんとなく正しいと思われてきた伝統的な慣習などを「信じる」ことではなく、むしろ何が正しいかを、人間は**つねに、理性に基づいて「考える」ことをしなければならない**時代なのです。

そして、論理的に考え、たしかにそれが正しいと、一度確かめられた知識は、今度はそれこそが、絶対的に正しいと考えられるようになります。

合理的に考えられること。科学的に確かめられること。それだけが、真理である。

精神史における近代とは、このような理性中心主義、すなわち合理主義の時代を意味します。

そして、それゆえに、この新しい・正しい知識を、古い・誤った迷信にとらわれている人びとにも、普及させていかなければならない、という考え方が、同時に登場してくることにもなります。これが「学校」という制度による「教育」へとつながっていくことになるのです。この点については、第2章であらためて考えてみることにしましょう。

3　「近代」とは何か（2）――市民革命がもたらした民主主義

古代の民主主義とその衰退

では次に、政治史における近代について、みていくことにしましょう。

精神史の時代区分と、政治史の時代区分とは、ちょうどパラレルな関係になっています。つまり、精神史においては、まず古代があり、次に古代の否定として中世があり、さらに中世を否定して古代を復活させようとしたところに、近代が誕生したと考えられたわけですが、政治史もこれと同じ流れになっていると考えるわけです。

精神史では、古代とはギリシアの哲学のことを意味しましたが、政治史では、古代ギリシアの民主主義を意味します。とくにアテネという都市国家（ポリス）では、かなり高度な民主主義が営まれていました。それが政治史でいう古代です。

西洋では、古代ギリシアはいわば黄金時代であって、精神史的にも政治史的にも、**「ギリシアに還れ」というところから近代がはじまり、そして現代にいたっているの**です。

そして、古代ギリシアの民主主義は、やはり4～5世紀になると衰退します。そこに登場したのが、封建制という政治制度でした。

封建制とは、簡単にいえば、領地を媒介とした主従関係のことです。つまり、まず王がいて、王が自分の臣下に領地を与え、臣下はその見返りに、王に忠誠を誓います。領地を与えられた臣下は諸侯と呼ばれ、与えられた領地の領主になります。そして諸侯もまた、その自分の領地の一部を、自分の臣下に与え、臣下はその見返りに諸侯に忠誠を誓います。この人たちが、一般に騎士と呼ばれる人たちです。

この諸侯や騎士といった領主階級が、いわゆる「貴族」です。

ここで重要なことは、政治という、国家の統治に参加するのは、王と貴族たちだけだったということです。それ以外の「民衆（庶民、平民）」たちは、政治に参加することなく、一方的に王や貴族に支配される、被支配階級（臣民）であったわけです。

この封建制の時代が中世です。

つまり、政治史における古代から中世への移行は、権力がしだいに一部の人びとに集中し、人間が支配階級と被支配階級とに分裂していく過程であると考えればよいでしょう。じっさい、この権力の集中過程は、中世の時代を通じてさらに進行しました。そして、中世の末期になると、絶対王政（絶対君主制）と呼ばれる体制が出現します。貴族たちまでもが権力を失い、王だけに権力が集中して、いわゆる専制君主になっていったのです。

「市民革命」と民主主義の復興

ところが、17～18世紀以降、各地でこの絶対王政が終わりを告げはじめます。王制（君主制）そのものが廃止される場合もあれば、王制は残ったものの、王が社会を統治する権力を失う場合もありました。いずれにせよ、王が社会を統治するのではなく、**民衆たちが民衆たち自身で社会を統治する仕組み**へと変わっていったのです。

これが**「市民革命」**です。

市民革命とは、封建制や絶対王政が終わり、民主主義が登場したことを意味します。

なぜ「市民革命」と呼ばれるのかというと、これは、「民衆」が「市民」となって、新たな政治制度をつくり出した革命であるからです。

「市民」とは、民主主義の政治を担う主体のことです。古代ギリシアは都市国家でしたから、「都市の民」が政治の主体でした。このことから、民主的な政治の主体のことを「市民」と呼ぶようになったのです。

中世末期になると、都市の経済が発展し、被支配階級であった「民衆」のなかから、しだいに経済力をつけた人びとが現われました。そして、この人たちが「市民」となって、王や貴族から権力を奪い返し、自分たちで自分たちの社会を統治する、新たな政治の仕組みを誕生させたのです。これが「市民革命」であり、これにより、中世が終わり、新しい民主主義の時代がはじまりました。これが「近代」である、というわけです。

通常、近代を誕生させた3つの市民革命として、イギリス名誉革命（1688年）、アメリカ独立革命（1776年）、フランス革命（1789年）が挙げられます。

しかし、ここで重要なことは、すでに述べたように、この**近代の新しい民主主義の誕生は、同時に、古代の復興でもあった**、ということです。

つまり、ここでもやはり、アテネを中心とするギリシアの民主主義がモデルとされ、それを新しいかたちで復興しようとしたのです。

たとえば、ジャン＝ジャック・ルソーの『社会契約論』（1762年）も、その典型の1つです。これはフランス革命の理論的な基礎とされたもので、現代の日本でも、高校の倫理や政治・経済の教科書で、近代民主主義の原理をもっともよく説明したものとされていますが、じつはこれも、古代ギリシアの民主主義をモデルにしたものでした。

サラリーマンは「奴隷」だった⁉

このように、やはり政治史においても、まず黄金時代としての古代があり、その否定として中世があり、さらにその中世の否定と古代の復興として近代が誕生した、という流れで歴史が考えられています。

しかし、政治史における古代と近代、つまり古代の民主主義と近代の民主主義とのあいだには、決定的な違いがあります。

それは、**古代の民主主義は、じつは奴隷制を基礎としたものであった**ということです。

古代ギリシアは、奴隷制によって成り立っていた社会でした。奴隷といっても、のちの黒人奴隷のように、鎖で繋がれて酷使されたりしていたわけではなく、それなりの生活は保障されていました。しかし、政治に参加する権利をもちません。

つまり、古代ギリシアの「奴隷」とは、政治に参加する権利と義務をもたず、もっぱら労働と経済活動にのみ従事する、いわば純粋な「労働者」のことです。

したがって、なんと、**いまでいう「サラリーマン」は、古代でいう「奴隷」だったのです！**

他方、古代ギリシアの「市民」とは、この奴隷を所有することによって、自分自身は労働から解放されており、それゆえに政治に参加する権利と義務をもっていた人びとのことです。歴史家によると、アテネの「市民」は、全人口の15〜20パーセントくらいだったとのことですから、「市民」であることは、じつはひじょうな特権であったのです。

重要なことは、「市民」とは、このようなひじょうな特権階級であり、政治を担い、国家を支えるという、重大な責任を負った存在でもあったがゆえに、当然、「市民」であるためには、それにふさわしい知識や資質、そして何よりも、卓越した「徳」が必要だったということです。そして、それゆえに、卓越した知識や徳を教育し、優れた「市民」を育成するための**「市民教育」**は、古代ギリシアにとって大きな課題でした。

さて、そうすると、問題はこういうことになります。

まず第一に、近代の民主主義は、古代をモデルとしつつ、しかし古代のように一部の人間だけではなく、すべての人間が「市民」であるような社会と国家をめざすものです。したがって、古代においては一部の人間が対象であった「市民教育」が、近代においては、「すべての人間」を対象として、行なわれなければなりません。これは当然のことでしょう。

ここに、まず1つ、「学校」が「道徳」を教育しなければならない、決定的な理由がありま す。じっさい、フランス革命政府で教育委員長を務めた数学者のコンドルセは、「公教育は人民に対する社会の義務である」との立場から、すべての人間に「市民的資質」を教育する義務教育制度の導入を主張しました。学校における「市民教育」は、民主主義社会の存立にとって、絶対的に不可欠なのです。

しかしながら、第二に、こういう問題が生じます。「市民」は、もっぱら労働に従事する「奴隷」を所有することによって、自分自身は労働から解放されていたからこそ、政治に参加することができるのでした。

しかし、いうまでもなく、近代の「市民」は、「奴隷」を所有することはできません。いや、むしろ私たちは、私たち自身が労働者でなければなりません。つまり、「市民」であるはずの私たち自身が、「奴隷」でなければならないのです。

これはどういうことなのでしょうか。私たちは、**誰もが「市民」であると同時に、誰もが「奴隷」でもなければならない**のです。

これはきわめて重要な論点ですので、本書の第5章以降で、詳しく考えてみるつもりです。とはいえ、その前に、もう1つ、経済史からみた近代について考えてみることで、この問題はよりクリアになるでしょう。

4 「近代」とは何か（3）——産業革命がもたらした産業主義

機械技術と産業社会の登場

18世紀末から19世紀頃になると、機械技術が急速に発達してきます。これは、科学革命以来の科学的知識の発展が、機械技術に応用されていった結果です。

これによって、モノの生産や人間の労働のあり方が大きく変わってきます。まず、従来の伝統的な農業や手工業に代わって、機械を用いた大規模な大量生産が登場します。これによって、モノの生産性が飛躍的に向上しました。

そして、それゆえに、労働のかたちも変わってきます。

いわゆる「賃金労働」、つまり、誰かに自分を「労働力」として雇ってもらい、一定時間労働した対価として、賃金を受け取る、というかたちの労働は、いまではごく当たり前のことですが、じつはこういうかたちの労働が主流になってくるのは、この頃からなのです。

というのは、とりわけ、従来の農民や職人は、大規模な大量生産技術の登場によって、職を失ってしまいました。そうすると、彼らは、自分で商品をつくって売ることができませんから、自分自身を「労働力」という「商品」として工場主に売り渡し、賃金をもらって生活するしかなくなってしまったわけです。

これが**「産業革命」**です。そして、これによって登場した、機械工業や賃金労働を主流とする社会のことを「産業社会」と呼びます。また、この産業社会化をさらに推し進め、よりいっそうの物質的な豊かさを追求していこうとする考え方のことを、「産業主義」といいます。

じつは、学校という制度が現実として確立し、普及するのは、この産業革命以降のことです。

「すべての人間」に「共通の教育」を与えなければならない、という学校制度の理念じたいは、科学革命と市民革命を契機として、17～18世紀に登場しました。

しかし、これが現実になっていくのは、産業革命による技術革新が進んだ、19世紀の後半になってからのことなのです。

なぜでしょうか。その決定的な理由は、近代的な産業労働を担う労働者を育成する必要が生じたことにほかなりません。

いや、育成というよりも、むしろ「生産」といったほうが正確でしょう。**近代的な産業労働者の「生産工場」として、学校という制度が要求された**のです。

有能な労働者の「生産」

社会の工業化によって、かつての農耕や手工業ではなく、工場での機械工業が主流になってくると、その新しいかたちの労働のために必要となる知識や技術を、労働者たちに教育する必要が生じてきます。

たとえば、機械を扱うためには、簡単な計算くらいはできなければなりませんし、基本的な科学的知識も必要です。マニュアルを読んだり、労働者どうしで意思疎通をしたりするためには、共通の言語と、その読み書き能力も必要になります。

しかも、産業社会では、かつてのような、農民の子は農民、職人の子は職人、といった職業の固定性が失われます。誰がどんな仕事に就くか、わからなくなるわけです。そうすると、どんな仕事でも必要となるような、「共通の」「汎用的な」知識や技術を、「すべての子ども」に教育する必要も生じてきます。

さらに、必要となるのは、知識や技術だけではありません。大規模な工場や企業での近代的な労働には、さまざまな「道徳的」な資質や行動様式も求められます。

たとえば、時間を正確に守る規律正しさ、規則に従う従順さ、同僚と協力して仕事をする協調性やチームワーク、といったものです。こういった「道徳」も、学校教育によって、労働者たちに教え込んでいこうとするようになるわけです。

子どもは原料、大人は製品？

19世紀後半から20世紀になると、このような産業社会化をさらに推し進めようとする、産業主義の学校教育が、よりいっそう顕著になってきます。そのもっとも代表的な例が、こんにちの学校教育の基本的な方法を規定したともいえる、20世紀初頭のアメリカの教育学者、フランクリン・ボビットの教育論です。

彼は、「カリキュラムの科学的研究」の創始者と呼ばれています。というのは、彼は、経営学者のフレデリック・テイラーが提唱した、工場と労働者の「科学的管理法の原理」を、そのまま学校教育の方法に援用したのです。

テイラーの科学的管理法（テイラー・システム）とは、ひとことでいえば、労働内容の客観的分析に基づく、合理化と効率化です。

たとえば、まず、ある製品の生産に関して、そのもっとも効率的な生産工程を合理的に分析します。そして、それに要する作業時間も、客観的に算出します。そのうえで、それをマニュアル化して、一律に、すべての労働者に課すのです。

こうすることによって、もっとも合理的で効率的な生産が可能になると同時に、労働が均質化します。つまり、労働は「誰がやっても同じことができる」ものになり、また、それゆえに、個々の労働者は、取り替え可能な、「部品」のような存在になるわけです(たとえば、ある労働者が死んだら、すぐに別の労働者を補充して、同じ仕事をさせることができる、というように)。

ボビットは、この合理的で効率的な工場経営の方法を、そのまま、学校経営の方法として、導入しました。

つまり、学校とは、子どもという「原料」をもとに、大人(有能な労働者)という「製品」を生産する、「工場」である。したがって、教育課程(カリキュラム)とは、そのもっとも合理的で効率的な「生産工程」でなければならない。このように考えたわけです。

さらに彼は、産業社会における労働と生活を分析し、そこでどのような知識や能力や資質が必要になるかを解明しようとしました。そして、それを学校の「教育目標」として、カリキュラムに組み込むことを提案したのです。もちろん、これは工場の「生産目標」に相当するものです。こんにちの学校では、どの学校段階でも当たり前に使われている、この「教育目標」という概念ですが、じつはこれが最初に用いられたのは、このときだったのです（ボビットの教育方法論については、佐藤学『教育方法学』岩波書店、1996年を参照）。

「経済」を支える「奴隷」の生産

なんとも、こんにちしばしば耳にするような話ばかりではないでしょうか。じつに、こんにちの日本の学校教育は、ほとんどまったく、この原理で成り立っています。

教育内容の実用化、教育方法の効率化、カリキュラムの合理化、教師の専門化と分業化、そして「製品」の「品質管理」や「質保証」のための、達成度テストや外部評価等々……。これらはすべて、工場でのモノの生産を合理化し、効率化する原理そのものです。

いわゆる「教育改革」に関する提言なども、きまって、「これからの社会では、これこれの資質・能力が必要になる。だから、それを学校で教育しなければならない」というかたちでなされています。

では、それは具体的に「どのような社会で」「誰にとって」必要なのかと問えば、結局は、「さらなる経済成長をめざす社会で」「それを担う労働者にとって」必要という意味なのです。

しかし、それでよいのでしょうか。

本章の「3」で明らかになったのは、民主主義社会における「市民教育」の必要性でした。民主主義社会においては、すべての人間が「市民」でなければならないがゆえに、「市民」であるために必要な知識や徳の教育が、学校によってなされなければならないのでした。

ところが、もともと古代ギリシアでは、「市民」とは労働から解放されている存在であり、労働は「奴隷」がするべきものでした。

ということは、**「有能な労働者」を育成しようとする、産業主義の学校教育とは、いわば「有徳な市民」ならぬ「有用な奴隷」を育成しようとする、徹底した「奴隷教育」というべきもの**ではないのでしょうか。

そうとしかいいようがありません。べつに比喩的な表現でも何でもなく、ほとんど文字どおりの意味で、これは**「人間の教育」ではなく、「奴隷の生産」**なのです。

すでに古代ギリシアの哲学者、アリストテレスは、奴隷は「命のある道具」であり、市民にとっての「財産」であり「所有物」であるといっていました。奴隷は所有され、使用される「モノ」であり、「人間」ではないのです。そして、その「動く道具」である奴隷が「経済」を支えることによって、市民は「政治」を営むことができたのです。

近代でも、そのことに変わりはありません。古代の奴隷は、おもに戦争によって獲得されましたが、その代わりに、近代の奴隷（労働者）は、学校によって生産されるのです。

ただし、古代における奴隷の主人は、市民でした。では、近代における奴隷の主人は、誰でしょうか。

それは、自分自身でなければなりません。つまり、**私たち近代人は、「市民としての自分」が、「奴隷としての自分」を、支配しなければならない**のです。

「奴隷」を支配する「市民」の道徳

つまり、問題はこういうことです。

民主主義であると同時に産業社会でもある近代において、私たちは、一人ひとりが、いわば半分は「奴隷」であると同時に、半分は「市民」でなければなりません。つまり、**誰もが、労働によって自分の身を養える程度には、有用な「奴隷」でなければならないと同時に、誰もが、労働から解放されて政治に参加し、国家を支える有徳な「市民」でもなければならない**のです。

それが、近代社会において、「大人」であり、「社会人」であることを意味するのです。

したがって、学校教育もまた、「奴隷教育」と「市民教育」とを、同時に行なわなければなりません。「道徳」にもまた、その両面があるのです。

しかし、はたしてそれは実践されているでしょうか。

とてもそうは思えません。先にも述べたように、こんにちの日本の学校教育は、ほとんどもっぱら、有能な労働者となってお金を稼ぎ、経済成長に貢献できる人間をつくる教育に終始しています。

つまり、「奴隷教育」でしかないのです。

「道徳」も同じです。時間に対する規則正しさ、ルールに対する従順さ、他者との協調性、チームワークなど、こんにち、学校で教えるべきとされている、もろもろの道徳性は、「社会人」であるために必要な資質であるとされています。しかし、じっさいには、そのほとんどが、たんに「労働者」であるために必要な資質であるにすぎないのです。

繰り返しますが、たしかに、学校はこれらを教育しなければなりません。誰もが、労働によって自分の身を養っていかなければならないからです。

けれども、たんにそれだけに終始するのであれば、**それはたんなる「奴隷の道徳」であって、けっして「大人の道徳」とはいえません。**

決定的に重要なのは、むしろ、その「奴隷」(モノ)としての自分自身を支配する、「市民」(人間)としての「徳」にほかならないのです。

第1章のまとめ

◎現代の学校は「奴隷の生産工場」である

◎「大人の道徳」は「奴隷の道徳」ではない

◎いまの日本は奴隷天国だ

第2章

なぜ「合理的」でなければならないのか

啓蒙主義から考える「科学」と「道徳」

1　学校は「理性の訓練」を強制する

なぜ4教科を学ばされるのか

こくご・さんすう・りか・しゃかい。

ほとんど呪文のように、私たちはこの4教科を、小学校に入学するやいなや、問答無用で教え込まれます。

なぜでしょうか。

第1章で確認した、「近代」の3つの意味を考えれば、これはすぐにわかるはずです。

近代の3つの意味とは、（1）科学革命以来の合理主義、（2）市民革命以来の民主主義、（3）産業革命以来の産業主義、でした。

まず（1）が、「数学（算数）」と「理科」につながることは、いうまでもないでしょう。

科学革命以来の合理主義とは、「真理」の基準が、宗教から科学へと転換したこと、つまり、「理性」に基づく合理的な思考と科学的な知識こそが、「正しい知識」であると考えられるようになったことを意味するのでした。

そこから、その「正しい知識」を、「すべての人間」に教育し、普及させていかなければならない、という考え方が生まれてきます。それが、「学校」という大規模な一斉教育制度につながっているわけです。

したがって、学校が行なわなければならない、まず第一の教育は、**「理性の訓練」**にほかなりません。物事を、論理的・合理的・科学的に考える訓練を、学校は、すべての人間に、与えなければならないのです。

数学は、もっとも論理的で合理的な知識です。

というよりも、むしろ数学は、論理そのものです。

だから、まずなんといっても、学校教育の中核を占める教科の1つは、数学なのです。

そして、その数学の原理で、自然・宇宙の成り立ちを解明するのが「理科」です。いわゆる「自然科学」です。

しかし、「科学」とは、たんに「自然科学」（いわゆる理科系）だけを指すのではありません。人間の文化や社会の仕組みを合理的に分析する、「人文科学」や「社会科学」（いわゆる文科系）の学問や知識も、「科学」のなかに含まれます（そもそも、「科学」という日本語は、さまざまな専門の「科」に分類された「学」という意味ですから、べつに理科系か文科系かは関係ありません）。

それゆえに、数学の言葉だけでなく、人間の言葉で、物事を論理的に考える訓練をする必要もあります。それが「国語」です。そして、人間の歴史や政治・経済の仕組みを、論理的に理解するための教科が、「社会」であるわけです。

次に、(2)の民主主義が、とくに「社会」と「国語」を必要とすることも、いうまでもないでしょう。

民主主義は、すべての人間が政治の主体となるわけですから、すべての人間が、政治や経済の仕組み、自分の国の歴史や文化などを、ある程度知っていなければなりません。

しかし、それだけではありません。正しい政治的判断ができるためには、まさに合理的な思考や、科学的な知識が必要です。そのときどきの感情や、なんとなくのイメージ、あるいは意図的に歪《ゆが》められた不正確な情報などに振り回されず、理性に基づいて、合理的・客観的に、正しい判断ができなければ、民主政治はきわめて危ういものとなります。

したがって、じつは、民主主義を健全に成り立たせるためにという意味でも、「数学」と「理科」が必要になるのです。

じっさい、古代ギリシアにおいても、「市民」がまず学ばなければならないとされたのは、数学でした。数学とは、情念やイメージに惑わされず、冷静に、客観的に、論理的で正しい思考と判断をするための訓練でもあるのです。

そして最後に、（3）の産業主義もまた、やはりこの4教科を必要とします。すでに前章でみたように、近代的な労働者であるためには、簡単な数学や自然科学の知識が必要ですし、文字の読み書きや、共通の言語でのコミュニケーションができなければなりません。さらに、経済成長に貢献する有能な労働者であるためには、経済や政治の仕組みも知っていなければなりません。

かくして、合理主義・民主主義・産業主義という、近代の3つの思想が、それぞれの文脈で、数学（算数）・理科・国語・社会という4つの教科を、トータルに要求しているわけです。

そして私たちは、自分自身が望もうと望むまいと、全員が、これらを学校で教えられ、学ばなければならないことになっているのです。

「合理的」であることを強制される時代

さて、こう考えてみると、近代を特徴づけている3つの思想のなかでも、とくに合理主義こそが、その核心にあることが、あらためてよくわかるでしょう。

産業主義が、合理主義や、その応用である科学技術に基づいていることは、いうまでもありません。

そして、じつは民主主義も、一種の合理主義です。

なぜなら、民主主義とは、すべての人間が、平等に、共通の、理性という能力をもっていると考えることによって、はじめて成り立つ考え方だからです。

すべての人間が、平等に、共通の理性をもっていると考えるからこそ、すべての人間が、平等に、共通の教育を受け、平等に政治に参加し、議論することによって、もっとも合理的で正しい判断にいたることができるはずだと、考えることができるわけです。

かくして、すべての人間が、数学の言葉と人間の言葉との両方において、物事を論理的に考え、合理的な判断を下すことができるようになるということ。この「理性の訓練」、あるいは**「理性と言葉の訓練」**こそが、学校教育の核心的な目標にほかならないのです。

ところで、では「道徳」はどうなのでしょうか。

理性の訓練のために、国数理社の4教科が必要なのはわかるとしても、「道徳」なる教科は、そこにどのように関わっているのでしょうか。

じつは「道徳」も、まったく同じです。

つまり、**「合理的」な道徳**です。これまでなんとなく、あるいは伝統的に、「正しい」と信じられてきた、宗教的な価値観や慣習的な規範に従うのではなく、「合理的」な道徳を、私たちは学校で学び、訓練しなければならないのです。

では、その「合理的」な道徳とは、どのような道徳なのでしょうか。

それを考えるのが本書の内容なのですが、その前に、まず本章では、そのもう一歩手前にさかのぼってみたいと思います。

そのもう一歩手前とは、**そもそもなぜ、私たちは「合理的」でなければならないのか**、ということです。

理性に基づく合理主義こそが、近代の核心であるといいました。

しかし、そうだとしても、ではなぜ、その合理主義を、わざわざ「すべての人間」に対して、教育しなければならないのでしょうか。

なぜ、私たちは、非合理であってはダメなのでしょうか。

伝統的な慣習や、なんとなくそれが正しいと思われているものに、素直に従っておけば、楽そうなものです。なぜ、それではダメなのでしょうか。

「おせっかい」な教育

「教育」とは、ある意味で、とてつもなく「おせっかい」な営みです。

考えてみてください。教育と称して、私たちは、無知な（とされる）人間や、古い迷信にとらわれている（とされる）人間を見つけ出しては、わざわざそこに出かけていって、「お前はまちがっている」「お前は遅れている」などといって批判し、正しい（とされる）新しい知識や思想を、注入しようとするのです。

学校という制度は、まさにその典型です。

私たちは、6才になったら、問答無用で、学校という空間に囲い込まれます。そしてそこで、「正しい」とされる特定の知識や思想を注入されるのです。

これはほとんど、究極のおせっかいといってもよいものではないでしょうか。

だから、ついでにいえば、「学校に行きたくない」という子どもが、つねに一定数いることは、なんら異常なことではなく、むしろあまりにも当たり前のことなのです。

そもそも学校とは、子どもが行きたいと思って行くところではないのですから。

もっと強い言い方をすれば、ある意味で、子どもが6才になったら学校に入学しなければならないのは、（一部の国で）大人が18才や19才になったら軍隊に入隊しなければならないのと、原理的には同じであるとさえ、いわなければならないのです（この問題については、とくに本書の第7章を参照）。

なぜ、そんなおせっかいな「教育」などを、しなければならないのでしょうか。

つまり、問題はこういうことです。

かりに、合理的思考や科学的知識が「正しい」のだとしても、だからといって、それを「すべての人間」に「教育」しなければならない必然性はないはずです。

「すべての人間」に「教育」しなければならないということは、本人がそれを学ぶことを欲していようがいまいが、強制的に教え込まなければならない、ということを意味します。

じっさい、だから、学校教育は**「義務教育」**なのです。

ちなみに、「義務教育」と訳されている、もとの英語は「コンパルソリー・エデュケーション（compulsory education）」ですが、これは直訳すれば「強制教育」です。そして、「徴兵」や「兵役義務」のことを「コンパルソリー・サーヴィス（compulsory service）」といいます。やはり、「義務教育」と「兵役義務」とは、同じ性格のものなのです。

なぜなのでしょうか。

なぜ、そこまで強い強制性をはたらかせてまで、すべての人間が「合理的」でなければならないのでしょうか。

そこには、たんに合理的思考や科学的知識が「正しい」から、というだけの理由を超えた、何かもう1つ別の理由があるはずです。

つまりそれは、正しい（とされる）知識を、一部の人間ではなく、すべての人間に教え広めることこそが「正しい」、または「善い」ことである、と考える考え方です。

そのような考え方が、どこから出てきたのか。そこにはどのような根拠があるのか。

考えてみたいのは、そういう問題です。

そして、その問題を考えるとき、考えなければならないのは、近代の合理的な「科学」という知識がもっている、特有の性格です。

「科学」とは、たんに合理的で正しいだけの知識であるのではありません。そうではなく、それは、かつてなく人間を「幸福」にすることができる知識である、という意味をもっています。また、そうであるがゆえに、科学が進歩すればするほど、人間はもっと幸福になれる、というかたちで、これは「進歩」という観念とも、分かちがたく結びついています。

だから、これを「教育」によって、「すべての人間」に普及させていかなければならない、と考えられているのです。それによって、人類全体が「進歩」し、よりいっそうの「幸福」に近づくことができるのだ、と信じられているからです。
なぜでしょうか。本章でまず考えてみたいのは、この問題についてです。

2 科学の起源はキリスト教？

近代科学はキリスト教の否定ではない

一般的には、近代科学とは、ルネサンスにおいて中世のキリスト教的世界観が否定され、古代の哲学、つまり理性に基づく合理主義が再興されたところに誕生したものだ、と説明されます。世界史の教科書にもそう書かれていますし、本書の第1章でも、そう説明しました。

しかし、じつはこれは、かなり恣意的な歴史の見方です。

つまり、あらかじめ近代を絶対的によしとする立場から、ひるがえって、中世を人間の暗黒時代と見なし、そこから脱却した近代はすばらしい時代なのだ、ということを再確認しようとする見方にすぎません。

事実は、むしろ科学という知識は、明らかにキリスト教にその起源をもっている、といわなければなりません。

キリスト教の否定というよりは、むしろその延長線上に登場してきたものなのです。

この側面に注目することによって、はじめて私たちは、科学という知識、あるいは、より一般的にいえば、理性に基づく合理主義という考え方がもっている性格を、正しく認識することができます。

この点については、科学哲学者の村上陽一郎氏が、『近代科学と聖俗革命』(新曜社、１９７６年)などの著作で力説しておられるところですので、ここではおもにそれを参考にしながら、そのエッセンスを確認してみることにしましょう。

世界は数学でできている

キリスト教では、「神」が世界をつくり、人間をつくった、とされています。

しかし、では、より具体的には、どのような世界として、世界をつくり、どのような存在として、人間をつくったとされているのでしょうか。それが決定的に重要なのです。

このキリスト教の世界観（自然観）と人間観が、西洋の歴史、ひいては人類の歴史に、絶大な影響を与えたのです。

まず、世界観のほうをみてみましょう。

『旧約聖書』の「創世記」を読んでみると、神が世界を創造する場面が描かれるとき、かならず「神は言われた」と書かれています。つまり、世界（自然・宇宙）は、「神の言葉」によってつくられた、という考え方が、ここに示されているのです。

まずはじめに「神の言葉」があった。その言葉のとおりに、世界がつくられた。このように、キリスト教は考えるのです。

そして、初期のキリスト教徒たちが、ギリシア地方にキリスト教を伝えたとき、彼らはこの「神の言葉」という言葉を、「ロゴス」というギリシア語に訳しました。

このロゴスという言葉は、古代ギリシア哲学において、もっとも根本的な概念であったもののひとつで、日本語でいえば、「言葉」や「論理」、そして「理性」などの意味があります。アルファベットで表記するとlogosとなり、いまの英語のロジック（logic）などの語源にもなっています。

第1章では、「理性」とは、物事を論理的に考える人間の能力のことである、といいました。

しかし、この「理性」という言葉には、それだけではなく、「世界の根本的な原理」といった意味もあります。

つまり、古代ギリシアでは、世界はロゴスに基づいて、秩序正しく、論理的に成り立っており、その世界の論理（ロゴス）を解明するのが、人間の理性（ロゴス）である、と考えられていたわけです。

そしてそれが、「哲学」という営みでした。

したがって、いまでは哲学というと、いかにも文科系の学問のようなイメージがありますが、もともと古代ギリシア哲学において、もっとも重視されたのは、数学と幾何学でした。なぜなら、「1」でも述べたように、数学こそは、もっとも純粋に論理的な言葉であるからです。

古代ギリシアのもっとも代表的な哲学者であるプラトンも、「世界は数学でできている」と信じ、数学教育をひじょうに重視しました。彼が哲学を教えたアカデメイアという塾（ちなみに、これがアカデミーの語源です）の門には、「幾何学を知らない者は、この門を通ってはならない」と書かれていたとも、言い伝えられています。

つまり、ギリシアにキリスト教を伝えた原始キリスト教徒たちは、この、ギリシア哲学において世界の根本的な原理であるとされていた「ロゴス」こそが、キリスト教でいう「神の言葉」にほかならない、という説明をしたわけです。『新約聖書』には、「言葉（ロゴス）は神である。世界はこの言葉（ロゴス）によって成った」とも書かれています。

このように、じつはキリスト教は、その成立の時点で、古代のギリシア哲学の考え方を取り入れているのです。それによって、もともと古代にあった合理的世界観（世界は論理的に成り立っているという考え方）が、中世のキリスト教的世界観（世界は神によって論理的に設計されてつくられたという考え方）に、受け継がれていったわけです。

人間は「神の似姿」

では、もう1つ、キリスト教の人間観のほうはどうでしょうか。

これも『旧約聖書』の「創世記」を読んでみると、人間は「神に似せて」つくられた、と書かれています。いわゆる「神の似姿《にすがた》」であり、これがキリスト教の根本的な人間観です。

人間が神に似ているというのは、どういう意味でしょうか。

もちろん、いろいろ神学的な意味はあるのですが、もっとも基本的な意味は、要するに人間は理性をもっているということ、すなわち**「理性的存在者」**であるということです。

神は理性（ロゴス）そのものであると考えられたのでした。そして人間は、その神に似たものとしてつくられた、というわけですから、それは神の理性を、神のように完全なものではないにせよ、分け与えられた存在である、ということを意味します。

このような考え方に基づいて、やはり、古代ギリシアの理性的人間観（人間は理性をもった存在であるという考え方）が、中世のキリスト教的人間観（人間は神の理性を分け与えられた存在であるという考え方）に、受け継がれていったのです。

「自然を知る」ことは「神を知る」こと

さて、ここからが重要です。

このようなキリスト教の世界観と人間観から、次のような考え方が導かれます。

人間は、神に分け与えられた理性を、正しく用いることによって、神がこの世界をどのような世界として、おつくりになったのかを、知ることができる。すなわち、世界についての「正しい知識」を獲得することができる。

このような、神‐人間‐世界（自然・宇宙）の関係に基づく、「知識」についての考え方が導かれるのです。

それを簡単に図にしたのが、図2‐1です。番号の順にみてみましょう。

図 2-1

キリスト教的自然観から科学的自然観へ

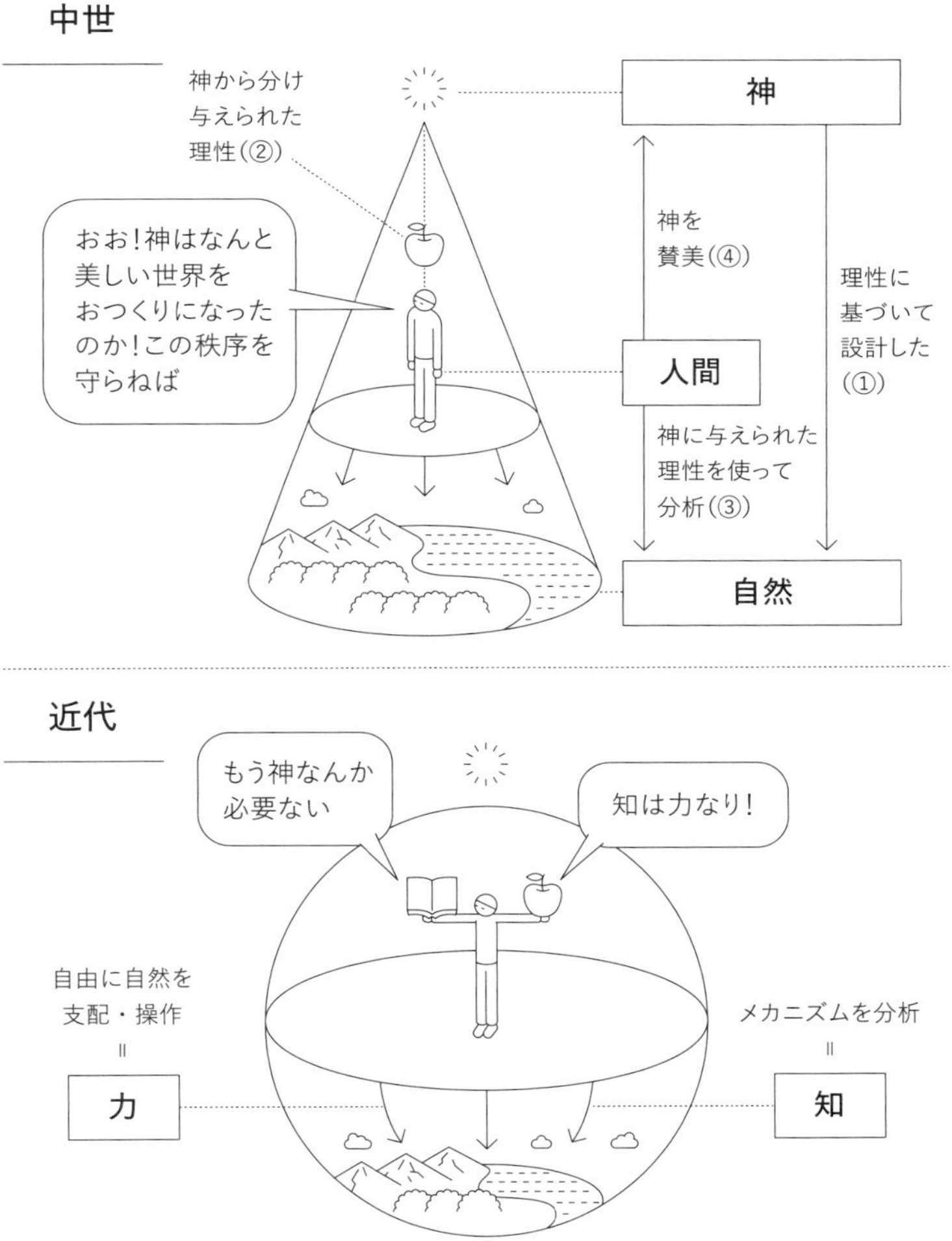

①まず、大前提として、「完全な理性」である神が、その理性に基づいて、世界をつくったとされます。神は世界を、合理的に「設計」してつくった、と考えられるのです。

②そして同時に、人間は、その神の理性を分け与えられた存在であるとされます。

③したがって、人間は、神に与えられた理性を正しく用いることによって、その同じ理性に基づいて設計されたこの世界が、どのような仕組みで成り立っているのかを、解明することができる、と考えられます。

④さらに、その世界の仕組みを知るということは、神がこの世界を、どのような世界としておつくりになったのかという、「神の意図」を知ることにつながる、とも考えられたわけです。

要するに、こういうことです。

科学とは、人間が世界（自然）の合理的な構造を解明しようとする知の営みです。

しかし、それが成り立つためには、そもそもの前提として、2つの信念がなければなりません。それは、

（1）世界は合理的にできているはずだという、世界についての信念。

（2）人間には、その合理性を解明する能力があるはずだという、人間についての信念。

この2つです。キリスト教という宗教は、まさにこの2つの信念をあわせもっていたからこそ、近代の科学が誕生してくる母体となったわけです。

じっさい、世界は神によって設計されたと信じるキリスト教とは対照的に、たとえば日本の神話では、神様たちが遊んでいたらたまたまこんな世界ができた、とされています。偶々《たまたま》、つまり偶然、こうなっただけの世界に、なぜそうでなければならなかったのかという、必然的な法則や意図を見いだそうとするような発想は、生まれてこないでしょう。

このことを考えてみても、じつは近代の科学という、ものの考え方は、もともと、きわめて西洋的でキリスト教的なルーツをもつものであったことがわかるでしょう。

何のために勉強するの？

このように、人間が理性に基づいて世界（自然）の合理的な仕組みを解明するという、こんにちの科学に類似した知の営みじたいは、なにも近代になって突然現れたわけではなく、じつは中世の昔から、すでにあったものだったのです。

自然の合理的な仕組みのことを「自然法則」といいますが、じつはこれも、もともとは、「神がつくった自然の法則」という意味の、キリスト教の神学用語でした。

しかし、「類似」はしていても、やはり決定的に異なる点があります。

それは、知識というものがもっている、人間にとっての意味です。

そもそも、人間は何のために、世界について知ろうとするのでしょうか。何のために、一生懸命勉強して、さまざまな知識を獲得しようとするのでしょうか。

この点についての考え方が、中世と近代とでは、全然違うのです。

そして、この違いこそが、中世と近代とを、決定的に分かつ点にほかなりません。

中世において、人間が「自然についての知識」――これをラテン語でスキエンチア（scientia）といい、これがサイエンス（science）の語源です――を獲得する目的は、あくまでも、自然の作者である「神を知る」ということでした。

あるいは、神を讃美することです。神はなんと美しい秩序をおつくりになったのだ、神は偉大なり、というわけです。

このように、知識とは、けっして「人間のため」にあるものではなく、あくまでも「神のため」にあるものだったのです。

じつは、「科学革命」を担ったとされている、ガリレオやニュートンにとっても、そうでした。たとえば、ガリレオはこういっています。

「神は2つの書物を書いた。それは聖書と自然である」。

つまり、ガリレオにとって、「聖書を読む」ということと、「自然を研究する」ということとは、どちらも、その作者である神の意図を知るという、同じ意味をもつ行為だったのです（ちなみに、それゆえに、べつに地動説を唱えたからといって、彼自身には、キリスト教に対抗するつもりなどは、まったくありませんでした）。

17世紀のニュートンでさえ、同じでした。彼もまた、「自然についての知識は、それによって、より深く神を知ろうとするのでなければ、何の意味もない」といっています。

つまり、ガリレオやニュートンも、じつはまだ、中世のキリスト教的世界観のなかで生きていたのです。

そして、ほんとうの意味での近代は、そこからさらに約100年後、「自然についての知識」が「神を知る」というキリスト教的な意味を失ってくるところに、はじめて登場するのです。

では、その近代において、知識とは、いったい何のためにあるものなのでしょうか。

なぜ、私たちは、来る日も来る日も自然や社会や人間についての研究を重ね、あろうことか、わざわざそれを「教育」までしなければ（されなければ）ならないのでしょうか。

引き続き、それについて考えてみることにしましょう。

3 なぜ科学は人間の「進歩」なのか

機械論的自然観の登場

まず、なぜ自然についての知識が、その作者である神を知るためのものではなくなったのか。その経緯を、簡単に確認しておきましょう。

その決定的な契機は、17世紀頃になって、「機械論的自然観」と呼ばれる考え方が登場してきたことです。これは文字どおり、自然（世界）は一個の巨大で精密な機械のようなものだと考える考え方です。

古代・中世の合理的自然観、つまり、世界（自然・宇宙）は何らかの合理的な法則で成り立っているはずだという考え方を突きつめていけば、こういう考え方が出てくることは、容易に納得できるでしょう。「合理的に設計されてつくられているもの」というのは、要するに「機械のようなもの」ということです。

じっさい、中世における「神」と「自然」との関係は、しばしば「時計職人」と「時計」との関係にたとえられました。まさに「設計者」と「機械」との関係です。

したがって、この機械論的自然観じたいは、典型的にキリスト教的な考え方であるといってよいものでした。

ところが、この典型的にキリスト教的な考え方であったはずの機械論的自然観が、「神」と「自然」を切り離し、「自然についての知識」から、「神を知る」という、もともとのキリスト教的な意味を奪うことになるのです。

なぜでしょうか。それはこういうことです。

私たちはもはや神を必要とはしない

機械というものは、それが誰かによって設計されてつくられたその時点で、もはやその作者の手を離れて、それ自身で自動的に動き続けるものです。時計は、最初は時計職人が設計してつくりますが、一度それが完成したら、あとは職人がいちいち針を動かしたりネジを巻いたりしなくても、時計自身で自動的に動きます。

不完全な理性しかもたない、人間がつくった機械でさえ、そうなのです。ましてや、完全な理性である神が設計した機械であれば、なおさらでしょう。

つまり、自然は、完全な理性である神が設計してつくった、いわば完全な機械であるからこそ、それはもはや神の手を離れて、自然自身で自動的に動いているのだ。そういう考え方が、ここに登場してくることになったのです。

「自然は神の手を離れている」ということは、「神は自然を支配してはいない」ということです。自然は、神が、みずからの意志で動かしているのではなく、たんに機械的な法則、すなわち「メカニズム」に従って、自動的に動いているだけである。したがって、自然の現象は、じつは神の意志などとは何の関係もない、たんなる機械的な現象にすぎない。

たとえば、地震のような天災は、かつては、まさに「天災」という日本語もそうであるように、神（天）の意志によって与えられた災いであると考えられました。また、それゆえに、そこには、いわば神の人間に対するメッセージが含まれていると信じられていました。

しかし、そうではないのだ。それは、「神の意志」などとは何の関係もなく、たんに物理法則に従って、地下のプレートが移動しただけにすぎない。そういう「自然のメカニズム」によって、機械的・自動的に起こった出来事にすぎないのだ。

こういう考え方になってきたわけです。

じっさい、ちょうどこのような考え方が登場してきた頃、ポルトガルの首都リスボンで大地震が発生し、多くの人が亡くなりました（リスボン大地震、1755年）。「古い」キリスト教的自然観を信じていた多くの人びとは、これを、堕落した生活を送っていた自分たちに対する、神の戒《いまし》めだと考えました。ところが、「新しい」機械論的自然観に、いち早く目覚めていた、一部の知識人たちは、こういったのです。「地震は、自然のメカニズムによって起こるのであって、神の意志などとは、何の関係もない」。

こうして、「自然についての知識」が、「神」とは無関係なものとなっていきました。

18世紀末から19世紀になると、ラプラスという数学者が、ニュートンの万有引力の法則を発展させた『天体力学論』（1799〜1825年）という大著を発表します。これを読んだ当時のフランス皇帝、ナポレオン・ボナパルトは、こう問いました。「お前は宇宙の成り立ちについて書いているのに、どうして宇宙の作者である神について論じていないのだ」。

それに対するラプラスの答えこそ、「科学」という、近代の新しい知識の登場を宣言するものでした。

「私たちはもはや、神を必要とはしないのですよ」。

科学による「自然の支配」

さて、ここできわめて重要なことは、こうして「自然についての知識」が「神を知る」ためのものではなくなったことによって、人間にとって「知識」というものがもつ意味や目的が、劇的に変化したということです。

中世における「自然についての知識」は、あくまでも「神がつくった自然」についての知識でした。それゆえに、それは自然の作者である神について知るという、意味と目的をもっていたのでした。

けれども、近代の私たちにとっての「自然についての知識」は、「神なしの自然」についての知識です。

では、それを私たちが探求し、獲得することに、いったい何の意味があるのでしょうか。

近代の人間は、ここに画期的な、新しい意味と目的を発見しました。

それは、**「自然を支配する」**ということです。

人間が自然を支配し、自然現象を意のままにコントロールすること。

図2-2 因果関係をひっくり返すと……？

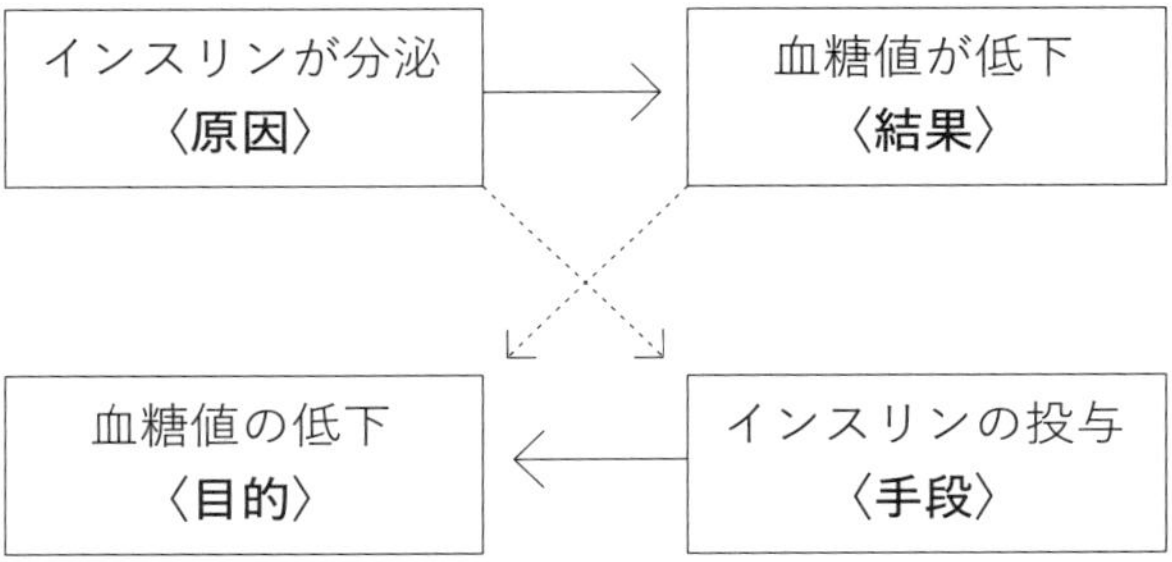

これが、「自然についての知識」がもっている、人間にとっての意味であり、人間が知識を獲得することの目的である。そう考えられるようになったのです。

なぜでしょうか。さしあたり、2つの理由を挙げておきましょう。

まず第一に、科学的知識とは、因果関係の知識です。因果関係とは、〈原因〉と〈結果〉の関係ということです。「合理的な法則」や「機械的な法則」とは、結局はこの、〈原因〉と〈結果〉の法則を意味します。

図2-2をみてください。

たとえばここに、「インスリンが分泌されれば（原因）、血糖値が低下する（結果）」という因果関係があります。このような、「AならばBである」というのが、科学的知識の基本的な形式です。Aという〈原因〉があれば、Bという〈結果〉が生じる、という意味です。

ところが、この〈原因〉と〈結果〉の関係は、ひっくり返すと、〈目的〉と〈手段〉の関係になります。「BのためにはAであるべし」。つまり、Bという〈目的〉を達成するためには、Aという〈手段〉を用いればよい、という関係です。

そうすると、私たちは、「インスリンが分泌されれば（原因）、血糖値が低下する（結果）」という因果関係の知識を獲得するやいなや、ただちにそれをひっくり返して、「血糖値を低下させるためには（目的）、インスリンを投与すればよい（手段）」という実践的な知識を導くことができます。つまり、血糖値という自然の現象を、意のままに操作し、コントロールすることが、可能になるのです。

このようにして、科学的知識は、人間が、（人間自身の身体も含めた）自然を意のままに支配し、操作・コントロールすることを、可能にするわけです。

第二に、たしかに、中世における「自然についての知識」も、「自然法則」についての知識ですから、基本的には、近代の科学と同じように、物事を因果関係に分析して理解するものでした。

しかしながら、中世のキリスト教的自然観では、自然法則によって自然を支配しているのは、あくまでも神でした。したがって、人間もまた、その神がつくった自然の秩序と法則に、服従すべき存在であると考えられたのです。

よもや、人間が、人間のために、神がつくった自然法則を利用して、神のように自然を支配し、操作しようなどという発想は、出てくる余地がなかったのです。

ところが、神はもはや自然を支配してはいないという考え方が広まるや、それならば、自然を意のままに支配すべきなのは人間ではないか、という考え方が登場してくることになったわけです。

いわば、神の退場とともに、人間が神のごとくに振る舞う可能性が、新たに見いだされてきたのです。それが「近代」のはじまりであったわけです。

知は力なり

ここでもう一度、図2-1をみてみましょう。

ここでは、「神」が頂点にいて、「人間」と「自然」は、ともに神に支配されています。

しかし、この図から「神」がいなくなると、「人間」と「自然」だけが残ります。そして、「人間」は「自然」の外側に立っています。

これこそが、近代の人間観なのです。**人間は、自然の外側に立っていて、自然を、その外側から支配する存在である。**そして、そのためにこそ、人間は自然のメカニズムを研究し、「自然についての知識」を獲得するのだ。そう考えられるようになったのです。

そしてこれが、「知は力なり」という有名な言葉の、本来の意味です。

この言葉の原文は、「スキエンチア・ポテンチア・エスト（scientia potentia est）」というラテン語です。「ポテンチア」は英語の「ポテンシー（potency）」の語源で、「力」「権力」「潜在力」といった意味です。そして「スキエンチア」は、すでに述べたように、「サイエンス（science）」の語源で、「自然についての知識」という意味です。

ですから、「スキエンチア・ポテンチア・エスト」は、「科学は力である」「科学は権力である」という意味です。

そしてこの「力」「権力」が、まさに、「自然を支配する力」なのです。

こうして、**人間は神を追放し、神の支配から脱却して、人間こそが自然と世界を支配するという、新しい時代に突入したのだ、と考えられるようになりました。**

近代は「まったく新しい時代」である、というのは、こういうことなのです。

そして、自然と世界を支配するという、その絶大な「力」を与えてくれるものこそが、「科学」という「合理的」な知識であると、信じられるようになったのです。

さらにまた、だからこそ、「科学」は「進歩」という観念と不可分でもあります。

なぜなら、科学的知識が質・量ともに増大すればするほど、人間が自然を支配する力が、それだけいっそう、拡大するからです。つまり、人間が人間のために、よりいっそう、自然を意のままにコントロールすることができるようになるわけです。

たとえば、治らなかった病気も治せるようになるでしょう。作物の生産量を増やして、貧困を解決することもできるようになるでしょう。災害を予知し、生命と生活の安全を確保することも可能になるでしょう。

かくして、人間はよりいっそう豊かで幸福になれるはずである。だから、科学は無限に進歩しなければならない。このように考えられるようになったのです。

4 啓蒙主義に導かれる近代世界

「知識人」による「民衆」の啓蒙

「科学」という知識が、たんに正しい知識であるというだけではなく、かつてなく人間を幸福にするはずの知識である、と信じられるようになったことには、このような思想的背景があります。

そして、だからこそ、これをできるだけ多くの人に「教育」し、普及させていかなければならない、とも考えられるようになりました。

それが、人間と社会の「進歩」につながる、と信じられるようになったからです。

このような考え方、つまり、理性に基づく合理的思考と科学的知識を教え広めることが、人間と社会の進歩である、という考え方を、**「啓蒙《けいもう》主義」**といいます。

「啓蒙」とは、「蒙《もう》を啓《ひら》く」と読み、「蒙」は「暗闇」を意味します。つまり、「啓蒙」とは「暗闇を開いて光で照らす」という意味です。もとの英語は「エンライトゥン（enlighten）」で、文字どおり、「光で照らす」という意味です。

「光」とは、「理性の光」にほかなりません。

そして、照らされるべき「暗闇」とは、無知や迷信を意味します。

要するに、「啓蒙」とは、いち早く合理的で科学的な知識を獲得した、一部の「進んだ」人や社会が、まだそれを知らない「遅れた」人や社会に、それを教え広めることを意味するのです。

まず最初の「啓蒙」は、西洋社会において、「知識人」が「民衆」に対して、合理的思考と科学的知識を「教育」する、というかたちで登場しました。

いうまでもなく、ここに登場してきたのが、「学校」という教育制度であったわけです。

学校教育とは、まさに啓蒙そのものです。ほとんど同じ意味であるとさえ、いってもよいでしょう。

「すべての人間」を「理性の光」で照らし、無知や迷信といった「暗闇」から解放する。それは「進歩」のための教育であり、それゆえに、「すべての人間」が、それを受けることを強制されるようになったのです。

「西洋」による「東洋」の啓蒙

しかし、啓蒙主義は、たんに1つの社会の内部だけにとどまるものではありません。理性とは、人類普遍のものであり、したがって、理性の発達は人類全体の進歩であると信じられましたから、これは原理的に、世界中に拡大していくのです。

ここから、**「西洋社会が、非西洋社会を、啓蒙する」という世界の構図**が生まれます。

つまり、いち早く理性に目覚め、科学を獲得した西洋は、世界のなかでもっとも進んだ「先進国」である。それに対して、まだ理性に目覚めておらず、無知と迷信のなかで眠りこけている東洋は、遅れた「後進国」である。したがって、「進んだ」西洋が、「遅れた」東洋を、啓蒙しなければならない。

このような構図が、世界のなかにできあがってくるわけです。

この近代世界の構図のなかで、日本も明治時代になると、西洋から学者を「先生」として招き、大学で日本人を「教育」してもらいました（したがって、当時の大学の授業は、ほとんどが英語やドイツ語で行なわれました）。

そして、西洋から学んだ「学校」という制度をつくり、民衆の啓蒙にも努めました。

つまり、まず「知識人」が、西洋から近代の「進んだ」知識や制度を学び、それをさらに、学校教育を通じて「民衆」に教え広めるという、二重の啓蒙の構図が、できあがったのです。

ついでにいうと、21世紀の現代でさえ、日本には、口を開けば「アメリカではこうだ」「フランスではこうだ」といって、いい気になっている「知識人」がおおぜいいます。こういう、いわゆる「出羽守《でわのかみ》」（アメリカでは、フランスでは、ばかりいう人）のメンタリティは、まさに近代の啓蒙主義の産物そのものなのです。

西洋は「進んで」いて正しい。日本は「遅れて」いてまちがっている。

この構図に、ひじょうに根深くとらわれているのです。

しかも、それは同時に、西洋を知っている自分は、野蛮で田舎臭い日本人どもよりも、文明的で「進んで」いるのだという、知識人のいやらしい優越意識の現われでもあります。

これは、日本の思想界が、近代以来とらわれている、深刻な病理なのです。

つまり、一方に、**「進んだ」西洋はつねに正しく、「遅れた」日本はつねにまちがっていると考える、欧米崇拝**（西洋主義、欧化主義）があります。

他方、それが強すぎるあまり、**反動的に、日本の文化や伝統を無批判に礼賛する、国粋主義**（日本主義、伝統主義）も生まれます。

結局、日本の思想は、一般に左派・進歩派（あるいは革新派、リベラル派など）と呼ばれる前者と、右派・保守派と呼ばれる後者とのあいだを、揺れ動き続けています。

「道徳」の問題もまた、まさにその揺れ動きの問題でもあるのです。

「子ども」時代からの脱却

さて、以上、本章では、なぜ私たちは、学校で「理性の訓練」を受けなければならなくなったのかを考えてきました。もう一度、まとめてみましょう。

近代科学とは、人間が理性によって自然を支配するための知識として、成立したものでした。これが自然科学です。

そして、同じ原理で、人文科学と社会科学が登場します。つまり、人間が自然を支配し、コントロールするための知識が、自然科学であるのと同様に、人間が人間と社会を支配し、コントロールするための知識が、人文科学と社会科学なのです。

かくして、近代とは、人間が理性によって、人間と社会と自然を支配し、コントロールする時代なのです。そのために、私たちは、学校で理性の訓練を受けなければならないことになったわけです。

中世において、人間と社会と自然を支配していたのは、神でした。人間は神に支配され、神に服従していたのです。

人間はいかに生きるべきか。何が善いことで、何が悪いことか。人間の社会はいかにあるべきか。これらを決めるのは、人間ではなく、神でした。

しかし、近代になって、人間は神の支配から解放され、自立したのです。

それは、**人間自身で、人間の生き方や社会のあり方を考え、決めなければならなくなった**ということを意味します。

もはやいうまでもないでしょう。

これこそが、**人類史上における「大人」の誕生**だったのです。

ちょうど、キリスト教の神は、「父」と表現されています。

まさに、中世とは、人類全体が「父」である神に依存し、支配され、服従していた、人類史の「子ども」時代であったと考えられるようになったのです。

それに対して、近代とは、人類が「父」への依存から脱却し、自分のことは自分で決めるという、責任を負うようになった時代です。

言い換えれば、「父」に支配されるのではなく、自分で自分を支配するのです。

これが、人類が「大人」になったということの意味です。

そして、その自己支配の基盤となるものこそが、「理性」なのです。

理性によって、自分で自分を支配することができる人間。それが「大人」であり、それができないのが「子ども」である。

このような「大人」と「子ども」の観念が、ここに新たに誕生したのです。

第1章でもふれたイマヌエル・カントは、典型的な啓蒙主義の哲学者ですが、彼は、その名もずばり、『啓蒙とは何か』（1784年）という著作の冒頭で、こういっています。

> 啓蒙とは何か。それは人間が、みずから招いた未成年の状態から抜け出ることだ。未成年の状態とは、他人の指示を仰がなければ自分の理性を使うことができないということである。
>
> （『永遠平和のために／啓蒙とは何か 他3編』中山元訳、光文社古典新訳文庫、2006年）

啓蒙とは、「子ども」を「大人」にするための教育である。そしてそれは、理性の訓練にほかならない。「子ども」と「大人」とを分かつもの、それは理性によって自分を支配できるか否かであるのだ。そうカントはいっているわけです。

理性による自己支配。

これが、「大人の道徳」のもっとも基本的な原理です。これを教える／学ぶために、そしてほとんどそのためだけに、学校という場に「道徳」という教科があるのです。

第2章のまとめ

◎ 教育とは「理性の訓練」である

◎ 「大人」は何事も、自分で考え、自分で決めるしかない

◎ 「大人」はツライよ。でも、なるしかない

第3章

なぜ「やりたいことをやりたいようにやる」のはダメなのか

デカルトから考える「自由」と「道徳」

1　「夢をもつこと」が「道徳」？

イデオロギーを疑う

「自分のやりたいことをやりましょう」。

これは現代日本のイデオロギーといってよいものです。

「イデオロギー」とは、ある社会を強力に支配している、特定の価値観のことです。

したがって、「自由」や「民主主義」や「平等」なども、まさに現代のイデオロギーです。

これはちょうど、戦前の日本において、「国体」や「忠君愛国」などがイデオロギーであったのと同じです。

どんな時代の、どんな社会にも、かならずイデオロギーはあります。社会というものが、ある程度共通の価値観を、その構成員が共有することによって成り立つものである以上、あらゆる社会はイデオロギーを必要とするとさえ、いってもよいでしょう。

けれども、だからこそ、それに対して自覚的であることが大切です。

簡単にいえば、なんとなくそれが正しいと思い込まれていることについて、それはほんとうに正しいことなのかを、自分自身の理性に基づいて、問い直すことです。

それができなければ、イデオロギーは、中世の宗教と同じです。つまり、誰も疑う余地のない、絶対的な価値観として、その社会とそこに生きる人びとを支配するのです。

たしかに、自分で考えることをせず、イデオロギーに支配されて生きることは、親に依存して生きる子どもと同じで、楽なことではあります。

けれども、もちろん、そのイデオロギーが正しいものであるという保証は、どこにもありません。

ではもし、ある社会が、誤ったイデオロギーに支配されていたら、どうなるでしょう。

人びとは、誰もが、それが正しいと信じる方向へと、がむしゃらに突き進みます。しかし、進めば進むほど、うまくいきません。その結果、誰もが「こんなはずではない」という不満や苦しみを抱え、それでも、もっと進めばうまくいくはずだと信じ、結局、わけがわからないまま、社会は加速度的に破滅へと突き進んでいくことになるでしょう。

私には、現代の日本が、まさにそうであるように思われてなりませんが、それについては、ここでは論じません。

いずれにせよ、当たり前ですが、そうなってもらっては困ります。

だから、単純なことのようですが、なにかにつけて、**「それはほんとうに正しいことなのか」と、社会の成員が、理性に基づいて問い続けること**は、やはり重要なことです。

それは「大人」の責任なのです。

いいや、責任という以前に、それはまず、自分自身を救う道であるといったほうがよいでしょう。なぜなら、それは結局、イデオロギーに支配され、それに駆り立てられて、わけのわからない人生を生かされることから解放されて、自分が自分の人生の主人になるということを意味するからです。

「自由」に駆り立てられる現代人

さて、問題は「自由」というイデオロギーです。

「自由」とは、「自分のやりたいことをやること」である。それは何にもまして大事な価値である。だから、それを可能なかぎり実現する人生が、よい人生である。そして、それを可能なかぎり援助する教育が、よい教育であり、それを可能なかぎり保障する社会が、よい社会である。

どうも私たちの社会は、このような考え方に、強力に支配されているようです。

だから、**小中学校の「道徳」でも、かならず「夢に向かってがんばろう」がテーマになります。**夢をもとう。自分のやりたいことを見つけよう。よい人生を生きるためには、それが必要だ、というわけです。

なんということでしょうか。これが「道徳」であるということは、夢をもっていない人間、自分のやりたいことをやっていない人間は、「不道徳」であるということです。

べつに揚げ足をとっているわけではありません。

現に私は、ある中学校で、夢をもっていない人間はダメな人間だと、教師があからさまに断じ、皆かならず夢をもてと、生徒たちにあの手この手で訴えかける「道徳」の授業を、みたことがあります。しかも、授業後の検討会では、それが「子どもたちの心情を揺さぶる、さまざまな工夫が凝らされた、すばらしい授業だった」と、見学した他の教員や大学教員たちから、絶賛されていたのです。

これは極端な事例でしょうか。

そうではないでしょう。現代の日本の社会全体がそうなのです。

テレビやマスコミをみれば一目瞭然です。彼らはこぞって、「夢に向かってがんばる」スポーツ選手などを、ことあるごとに取り上げては、それこそが人間のあるべき姿であるかのように、あおり立てているではありませんか。学校はたんに、そういう社会のイデオロギーを、忠実に反映しているにすぎないのです。

じっさい、「道徳」の教科書には、「夢に向かってがんばる」スポーツ選手などが、かならず、きわめて頻繁に、取り上げられています。

それを、理想的人間像として、子どもたちに教育しようとしているのです。

「やりたいことをやりましょう」は「奴隷の道徳」

不思議なこととしか、いいようがありません。

いったい、「やりたいことをやる」ということは、そんなに「よい」ことなのでしょうか。

そういう意味での「自由」は、教育によって、すべての人間に強制しなければならないほど、大事な「道徳」なのでしょうか。

私には、とてもそうは思われません。事実は、むしろ反対ではないでしょうか。

本章の結論を、先に述べておきましょう。

たしかに、近代の人間と社会にとって、「自由」はもっとも根本的で、もっとも重要な価値です。**「自由であること」と「人間であること」とは、ほとんど同じ意味であるとさえいってもよい**ほどです。

したがって、それは人間の「道徳」として、学校によってすべての人間に教育されなければなりません。

しかし、その「自由」は、「自分のやりたいことをやる」ことではありません。逆です。

自分の「やりたいこと」に、むしろ逆らって、「やるべきこと」をやるのが、人間の「自由」なのです。

また、したがって、「やりたいこと」をやるのは、むしろ「不自由」な人間なのです。

第1章でみたように、自由な人間は「市民」です。不自由な人間は「奴隷」です。

したがって、**「自分のやりたいことをやりましょう」は、じつは「奴隷の道徳」**なのです。

現代の学校は、子どもたちに、奴隷になりなさいと教育しているのです。

これはどういうことなのか。本章では、このことについて、考えてみることにしましょう。

2 すべてを疑え —— デカルトの挑戦

デカルトが「近代哲学の父」である理由

第2章では、近代の科学や合理主義の背景には、じつはキリスト教の世界観と人間観があったという側面をみました。しかし、近代という時代や科学という知識の特徴について考えるとき、このような側面が注目されることは、あまりありません。

一般的には、近代という時代が誕生した、決定的なきっかけは、17世紀フランスの哲学者、**ルネ・デカルト**の登場である、とされています。

彼の、文字どおり画期的な「発見」こそ、近代の幕開けであった、というわけです。だから、彼の名には、ほとんどつねに「近代哲学の父」という称号が付されます。

たしかに、彼の哲学が示した人間観と世界観は、その後、現代にいたるまで、人類の歴史に絶大な影響を与えました。彼はいわば、第2章でみた、中世のキリスト教的世界観から近代の科学的世界観への変革を、哲学的に説明し、根拠づけたのです。

その画期的な著作が、１６３７年の『方法序説』でした。

では、彼は何を発見したのでしょうか。

それは「理性」です。

ただし、それは神に与えられたものではありません。そうではなく、むしろ神にさえ先立つ、すべての「正しさ」の根拠となるものとしての、人間の理性です。

それはどういうことなのか。そしてその発見が、どのような人間観と世界観の変革をもたらしたのか。

それを確認してみることを通じて、私たち近代の人間にとっての「自由」と「道徳」の意味を、考え直してみましょう。

何もかも疑わしい

デカルトが生きた17世紀前半の西洋は、社会的にも思想的にも、混迷した時代でした。

16世紀初頭に登場した、マルティン・ルターの宗教改革は、その後、キリスト教の分裂と抗争に発展しました。唯一の真理と信じられてきたキリスト教が、カトリックとプロテスタントに分裂し、さらにプロテスタントもさまざまな派に分裂して、相互に真理を主張し、殺しあいの抗争にさえなったのです。

ガリレオの地動説が問題になり、裁判に発展したのもこの頃です。このガリレオ裁判の背景にも、（宗教と科学の衝突という後世の神話ではなく）聖書解釈をめぐるカトリックとプロテスタントとの争いがあったともいわれています。

要するに、これまで絶対的に正しいと信じられてきたものが疑わしくなり、誰もが自分こそが正しいと主張して争いあうばかりで、ほんとうのところ何が正しいことなのか、わからなくなってしまった時代だったのです。

だからこそデカルトは、そのように何もかもが疑わしい時代にあっても、それでもなお、これだけは確実だと信じられるものは何かを、もう一度、根本から考え直してみようとしたのです。それが『方法序説』でした。

したがって、ここでデカルトは、ありとあらゆるものを、徹底的に疑います。

どんなに確からしいことであっても、少しでも疑う余地のあるものは、一度全部疑ってみる。そうやって、ありとあらゆるものを徹底的に疑い尽くした、その果てに、「これだけは疑いえないもの」を再発見しようとするのです。

これが「方法的懐疑」と呼ばれるものです。**真理を発見するための「方法」として、むしろ、**

あらゆるものを「懐疑」する、ということです。

ちょうど本章の「1」で、私たちが「なんとなく正しいと思い込んでいる」ものを、一度疑ってみることが大事だといいました。

デカルトは、ある意味で、それをとことんまでやってのけたわけです。

神も、世界も、存在しないかもしれない

このデカルトの懐疑は、かなり徹底的なものです。

まず彼は、「神」の存在を疑います。私が神だと思っているものは、じつは神ではないかもしれない。それはたんなる私の思い込みかもしれない、というのです。

何を当たり前のことをいっているのだ、と思うでしょうか。そうではないのです。

神の存在は、当時の人びとにとって、疑う余地のない大前提でした。しかし彼は、それはじつはおおいに疑わしいことではないかと、いってのけたのです。

たとえば、いま私の目の前に、机や本やコップが存在していることを、私はけっして疑ったりなどしません。それはあまりにも当たり前の事実です。

神の存在は、当時の人びとにとって、それくらい、いや、むしろそれ以上に、当たり前の事実でした。それを彼は、「私の思い込みかもしれない」と、疑ってみたのです。

だから彼は、同じように、「世界」の存在も疑います。いま私の目の前にある（ようにみえる）机や本やコップも、ほんとうは存在しないかもしれない。これもまた、たんなる私の思い込みかもしれない、と。

たしかに、いわれてみればそのとおりです。

たとえば、私に赤くみえているものが、ほんとうに赤いとはかぎりませんし、ほかの人にも同じ色にみえているという保証は、どこにもありません（いわゆる色覚障害のことを考えてみてください）。

それに、人間はひじょうにしばしば錯覚をします。実際には存在しないものが存在しているようにみえたり、実際のかたちとは違ったかたちにみえたりすることも、いくらでもあります。

そして、もっと極端にいえば、私はいま、夢をみているのかもしれません。

夢のなかでは、自分がそのときにみて経験している世界を、確かな現実の世界であると思い込んでいます。ということは、私がいま、これが確かな現実であると思い込んでいるこの世界も、じつは夢であるという可能性も、ないことはありません。

こうして、私にみえているこの世界の存在というものも、じつはおおいに疑わしいものである、ということがわかってくるのです。

私は存在しないかもしれない!?

そして、さらに彼は、きわめつけに、なんと、ほかならぬこの「私」という存在さえも、疑うのです。

私が、ここにこうして存在しているということ。このことさえも、これはおおいに疑わしいことではないかと、彼はいうのです。

たしかに、そのとおりなのです。なぜなら、私が存在しているということも、結局は、私がそう思い込んでいるだけの、たんなる主観的な感覚にすぎないからです。

たとえば私は、自分の目で、自分の手や足をみることができます。そして、その「みる」という行為、つまり視覚という感覚によって、こんなかたちと大きさをした私の身体が、ここに存在している、と思い込んでいます。同じように、毎朝、鏡に映る自分の顔をみて、「これが私である」と思い込んでいます。

しかし、ということは、これは結局、先ほど机やコップの存在を疑ったときと、まったく同じように、疑うことができてしまうわけです。

もちろん、私たちが自分の身体の存在を感じるのは、なにも視覚だけによるのではありません。たとえば私が机の角に足をぶつけると、私は痛みを感じます。足が痛いと感じるということは、その足は確かに存在しているということであるように思われます。

しかし、そうではないと、デカルトはいうのです。

おもしろいことに、彼はこんなことを書いています。かつて軍隊にいたとき、戦争で負傷して足を失ったのに、その失った足に痛みを感じるという人をみたことがある、と。これは、現代の医学でも難問とされている、ファントム・ペイン（幻肢痛《げんしつう》）という現象です（物理的に存在しない身体の痛みなので、鎮痛薬が効きません）。

そうすると、たとえ私が、手や足の感覚を、ありありとリアルなものとしてもっているとしても、だからといって、それが確実に存在しているとは言い切れない。これもまた、たんなる私の思い込みかもしれない、ということになってしまうのです。

「疑う」ことだけが確実である

もちろん、これらはあくまでも、一種の思考実験のようなものです。日常的には、私たちはなんとなく、私がいて、世界があって、と思い込んでいます。「日常」とは、まさにそのような無数の思い込みによって成り立つものです。

けれども、その思い込みが正しいとはかぎりません。

だからデカルトは、その正しいとはかぎらないものを、一度全部疑ってみて、ほんとうに正しいことは何かを、根本的に考え直してみようとしたわけです。

その結果、「神」も「世界」も「私（人間）」も、これらは全部、おおいに疑わしい、ということになったのです。

ちょうど、第2章で、中世のキリスト教の人間観と世界観として、〈神–人間–世界（自然・宇宙）〉という3者の関係をみましたが（図2–1）、デカルトはまさに、この3者を全部疑ったわけです。

とはいえ、そんなことまで言い出したら、きりがないようにも思えます。

たしかに、人間は、疑おうと思えば、あらゆるものを疑うことができるわけですから、結局、確かなものなど何ひとつない、ということになってしまいそうです。

しかし、そうではありません。「きり」はあるのです。

このようにありとあらゆるものを疑った、その果てに、たしかに、「それだけは疑いようが

図 3-1　「疑う私」はすべてに先立つ

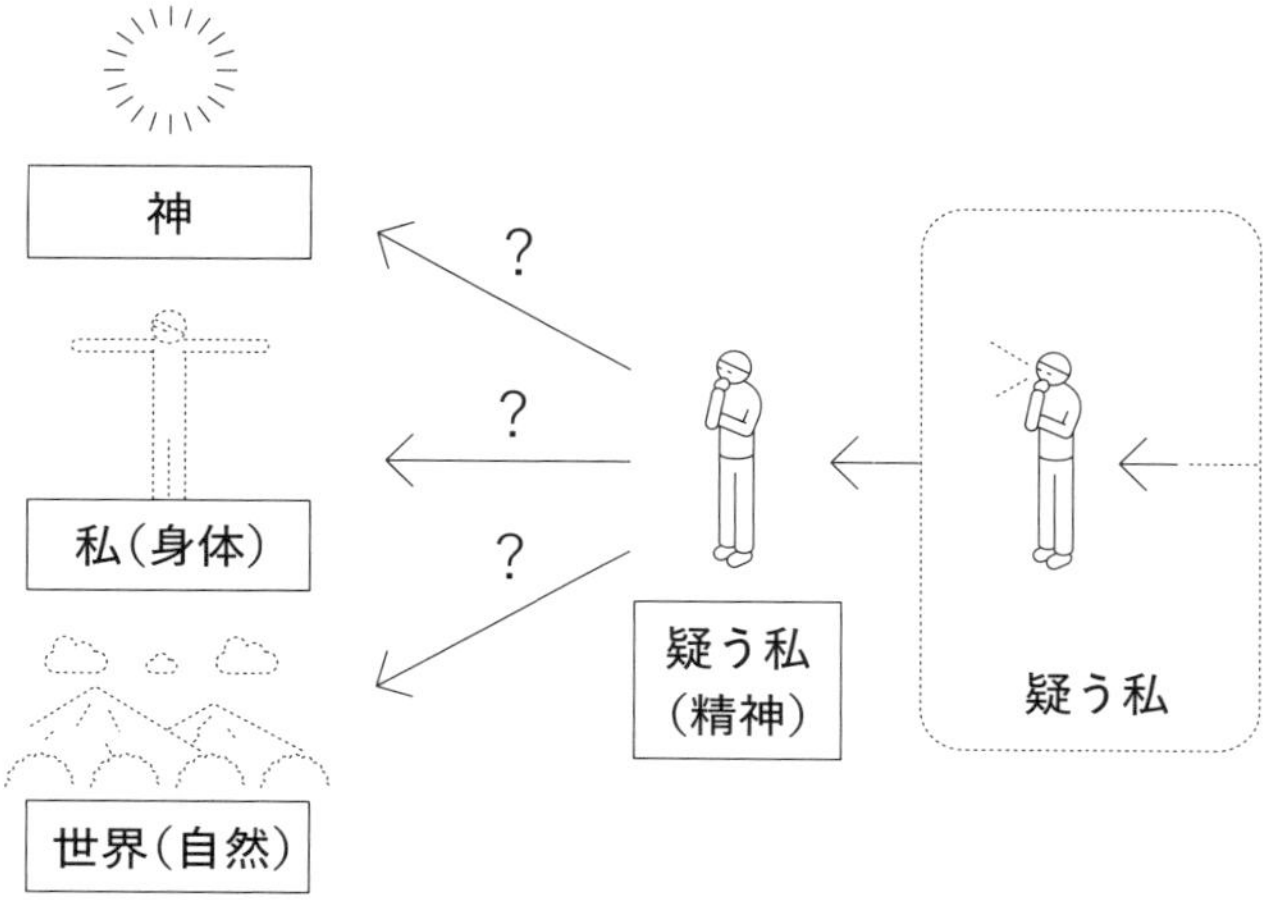

ないもの」が、1つだけみえてくるのです。

それは、ほかでもなく、その**「疑う」という行為そのもの**です。

図3-1をみてください。私が、神は存在しないかもしれないとか、世界は存在しないかもしれないと疑っているとき、その「疑っている私」は、たしかに存在しています。それが存在しなければ、疑うという行為そのものが成り立ちません。あるいは、私は存在しないかもしれない、と疑っているときも、やはりそのように「疑っている私」は、確実に存在しています。

もちろん、その「疑っている私」を、そんなものはほんとうに存在するのかと、さらに疑うこともできます。けれども、やはりそのときも、そのように「疑う私」は存在しているわけです。

「人間は、疑おうと思えば、あらゆるものを疑うことができる」といいました。

そのとおりです。まさに、その事実こそが、唯一の確かなことであり、したがって、それこそが、あらゆる「正しさ」の出発点である。

これがデカルトの「発見」であり、「近代精神」なるもののはじまりとなったのです。

3 理性による自然の支配 ―― 近代の人間観

「考える私」はすべてに先立つ

ところで、「疑う」とは、論理的に考えれば疑いの余地がある、ということでした。したがって、これは「(論理的に)考える」ということと同じ意味です。

つまり、「疑う私」とは、「考える私」のことです。それが、あらゆる「正しさ」の出発点であると、デカルトはいったのです。

これが、あの有名な**「私は考える、ゆえに私はある」**という言葉の意味です。

これは、「考える私」というものが、何ものにも先立って、まず第一に、疑う余地なく存在しているのだ、というほどの意味です。あるいは、**「私」という存在の本体は、「考える」という精神のはたらきそのものなのだ**、という意味に理解してもよいでしょう。

では、「(論理的に) 考える」という精神のはたらき、とは何でしょうか。

それが「理性」でした。

だから、結局デカルトはここで、**人間の理性こそが、何ものにも先立って存在する、すべての正しさの根拠**なのだということを、発見したわけです。

中世のように、まず神が存在して、その神が創造したから、私と世界が存在する、ということではありません。

そうではなく、まず人間の理性が存在して、その理性が、もし神は存在すると「考える」ならば、神は存在する。理性が、世界はこのように存在していると「考える」ならば、世界はそのように存在する。

人間の理性こそが、すべての「正しさ」の根拠となったというのは、こういうことです。これが近代という時代なのです。

では、このデカルトの発見は、どのような人間観と世界観の変革をもたらしたのでしょうか。そして、そこでは、人間の「自由」と「道徳」は、どのように考えられるのでしょうか。引き続き、みていくことにしましょう。

ガンダム的人間観——心身二元論の登場

まず、デカルトがもたらした人間観と世界（自然）観の変革について、その要点を3つに整理してみましょう。これらはいずれも、きわめて重要な意味をもっています。

第一に、デカルトが「私は考える、ゆえに私はある」というときの「私」とは、いっさいの「身体」をもたない、純粋な「精神」を意味します。なぜなら、私の「身体」は、疑いの対象だったからです。

私（の身体）は存在しないかもしれない、と疑っているときも、そう疑っている私（の精神）は確実に存在している、とデカルトはいうのです。

ということは、このとき、「疑っている（精神としての）私」と、「疑われている（身体としての）私」とは、別のものです。

「考える私」とは、「身体としての私」から切り離された、それとは別個の存在としての、「精

神としての私」である、ということになるのです。

このようにデカルトは、「身体」と「精神」とを、まったく切り離して区別しました。ここに、**「心身二元論」**という、近代的人間観が確立されたのです。これは、**「精神」と「身体」とは別のものであり、人間はこの2つの側面をあわせもった存在である、という考え方**です。

次節でもあらためて考えますが、この心身二元論という人間観は、たとえばガンダムやエヴァンゲリオンなどの人型ロボット（人造人間）をイメージすれば、わかりやすいでしょう。これらの人型ロボットの本体は、操縦席に座っているパイロットです。これが「精神としての私」です。そして、この「精神としての私」が、「身体としての私」に乗り込んで、それを操縦しているわけです（次節の図3-3）。

かりに、「身体」（人型ロボット）が破損し、あるいは消滅したとしても、「精神」（パイロット）のほうは生きています。このように、「精神」は「身体」から独立して存在していると考えるのが、心身二元論という考え方なのです。

理性はつねに正しい

第二に、デカルトはこれによって、あらためて理性の絶対性を確立しました。

つまり、理性はつねに正しく、けっして誤ることはないということを、あらためて証明したとされたのです。

しばしば、デカルトは「近代的自我」を発見したとか、「自己（私）中心主義」のルーツであるとかといった説明をしている、哲学の概説書のたぐいを見かけますが、これはとんでもないまちがいです。

デカルトのいう「私」とは、個別・具体的な「個人」を指しているのではありません。個人とは、まさに文字どおり「具体」的、つまり「体を具《そな》えた」存在ですから、これは「身体」をもった私です。

しかし、デカルトがいう「私」とは、個人をそれぞれ異なった個別的な存在たらしめている、その「身体」を、まったくもたない、純粋な「精神としての私」なのです。

つまりそれは、すべての人間が共有している、共通の精神のことを指しているのです。

そして、それは「考える」という精神のはたらきであるわけですから、結局、**デカルトのいう「私」とは、「すべての人間に共通する普遍的な理性」のことを指している**のです。

そのうえで彼は、この「精神としての私」＝「思惟《しい》する（考える）精神」＝「普遍的理性」こそが、あらゆるものに先立つ、すべての正しさの根拠であるわけであるから、この理性が合理的に考え、合理的に説明できることは、確実で正しい真理であると考えてよろしい、というかたちで、合理主義の正しさを根拠づけようとしたのです。

人間の身体は機械と同じである

第三に、「理性による合理的な思惟」とは、第2章でもみたように、数学こそがその最たるものです。したがって、数学の言葉と数学の原理、すなわち「AならばBである」という因果関係の形式で認識された、対象についての知識は、確実で正しい真理である、ということになります。

そして、これも第2章でみたように、そのように数学の原理で対象を認識するということは、対象を機械のようなものとして見立てる、ということでした。

かくして、デカルトの哲学は、科学の方法としての機械論的自然観を、キリスト教を前提にすることなしに、哲学的に説明し、根拠づけようとしたものでもあったのです。

しかも、ここで重要なことは、「精神」とは区別された人間の「身体」は、純粋な物質である以上、自然に属するものとして、自然と同じ原理で成り立っている、と考えられたことです。

つまり、**人間の身体もまた、機械のようなものである、**ということです。

このような、いわば機械論的身体観が、ここに成立することになったのです。

先ほど、デカルトの人間観を、ガンダムやエヴァンゲリオンにたとえました。まさに、このような人型ロボットと同じように、**「精神である私」が、「機械である身体」に乗り込んで、それを操縦している**と考えられるようになったのです（というよりも、むしろ、デカルトが、人間の身体は機械と同じであると考えたからこそ、その後、私たちは、ガンダムのような人型ロボットも原理的に可能なのではないかと、考えるようになったのです）。

「精神＝理性」による「自然＝身体」の支配

以上のことを、簡単に図に表わしてみると、図3-2のようになります。あらためて確認してみましょう。

まず、人間は、「精神」と「身体」という、2つの側面から成り立っていると考えられたのでした。

図 3-2

近代の人間観と自然観（まとめ）

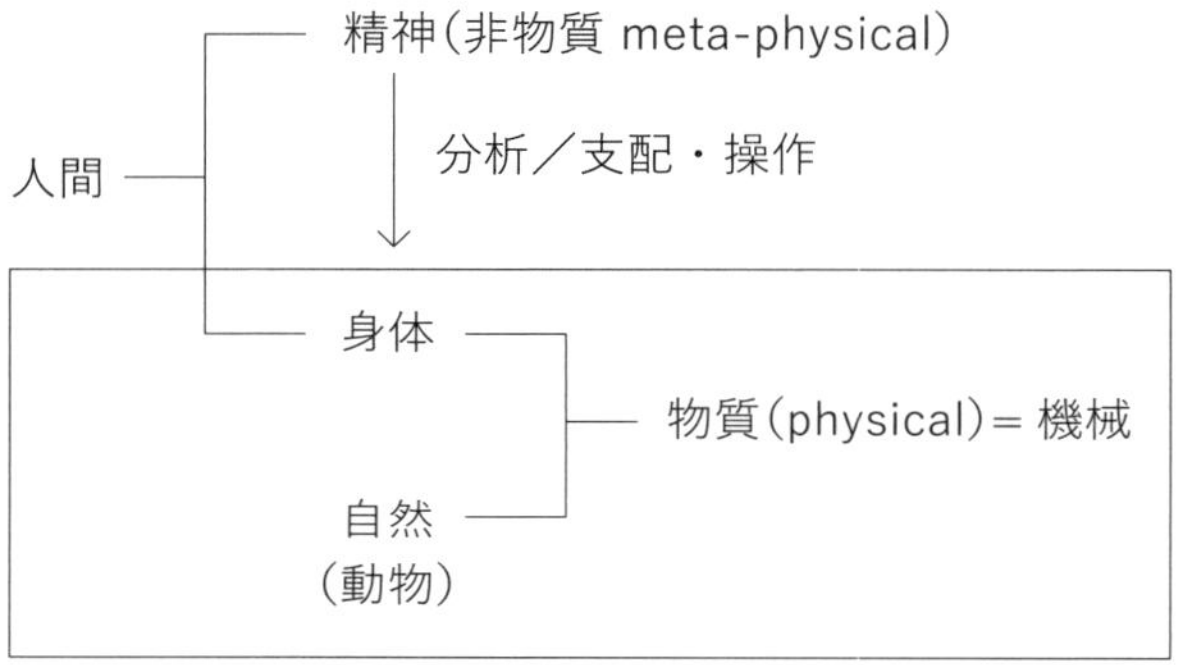

「身体」は純粋に物質的なものであり、たんなる「モノ」です。

それに対して、「精神」は純粋に非物質的なものです。物理的な質量をもたないものであり、簡単にいえば「目にみえないもの」です。

そして、人間の「身体」は、同じく純粋に物質的なものである「自然」の一部です。

ちなみに、英語でフィジカル（physical）というと、「身体的」「自然的」「物質的」を意味します。この3つは、すべて同じ原理で成り立っているという考え方が、ここにも現われているわけです。

他方、「精神」のような非物質的なもののことを、メタ・フィジカル（meta-physical）といいます。これは、身体・自然・物質（フィジカル）を超えている（メタ）という意味で、ふつう「形《けい》而《じ》上《じょう》的」と訳されます。「目にみえる形をもたない」というほどの意味です（したがって、「精神的」「非物質的」「形而上的」は、どれもほとんど同じ意味です）。

さらに、物質の世界、すなわち人間以外の自然と、人間の身体は、数学の原理で成り立っていると考えられたのでした。

したがって、これらはすべて、機械と同じである、ということになります。デカルトは、はっきりと、**人間以外の動物は機械とまったく同じである、**といっています。

そして、**人間の身体も、動物＝機械とまったく同じである。しかし、人間だけが、「精神」をもっているという点において、他のいかなる動物とも異なっている。**こう考えるわけです。

この図をみてもらえばよくわかると思うのですが、人間の「精神」は、「自然」の世界に属さず、その外側に存在すると考えられています。

すでに第2章でも述べたように、これこそが、近代の人間観と自然観の、最たる特徴なのです。

精神＝理性が、人間の身体も含めた自然を、その外側から、合理的に分析し、そしてそれを支配・操作するのです。

4 「人間」であることの本質 ――「自由」と「道徳」

精神が身体を支配する

さて、以上にみたように、デカルトにはじまる近代の人間観と自然観においては、**人間は、精神（理性）が身体（自然）を支配する存在である、**と考えられています。

そしてこの点に、まさに人間の人間たるゆえん、つまり、人間がたんなる動物や機械とは異なる存在であることの根拠が見いだされてもいるのです。

繰り返しますが、人間の「身体」は、機械と同じであると考えられます。しかし、その機械である身体を、「精神」が支配し、制御しているという点に、人間だけがもっている固有の人間性がある、と考えられるのです。

もう一度、ガンダムをイメージしてみてください（図3–3）。

身体は完全に機械でできていて、その機械である身体を、パイロットがコックピットで操縦しています。このパイロットが「精神」です（ちなみに、ガンダムのコックピットは胸の部分にありま

図 3-3

ガンダム的人間観（心身二元論）

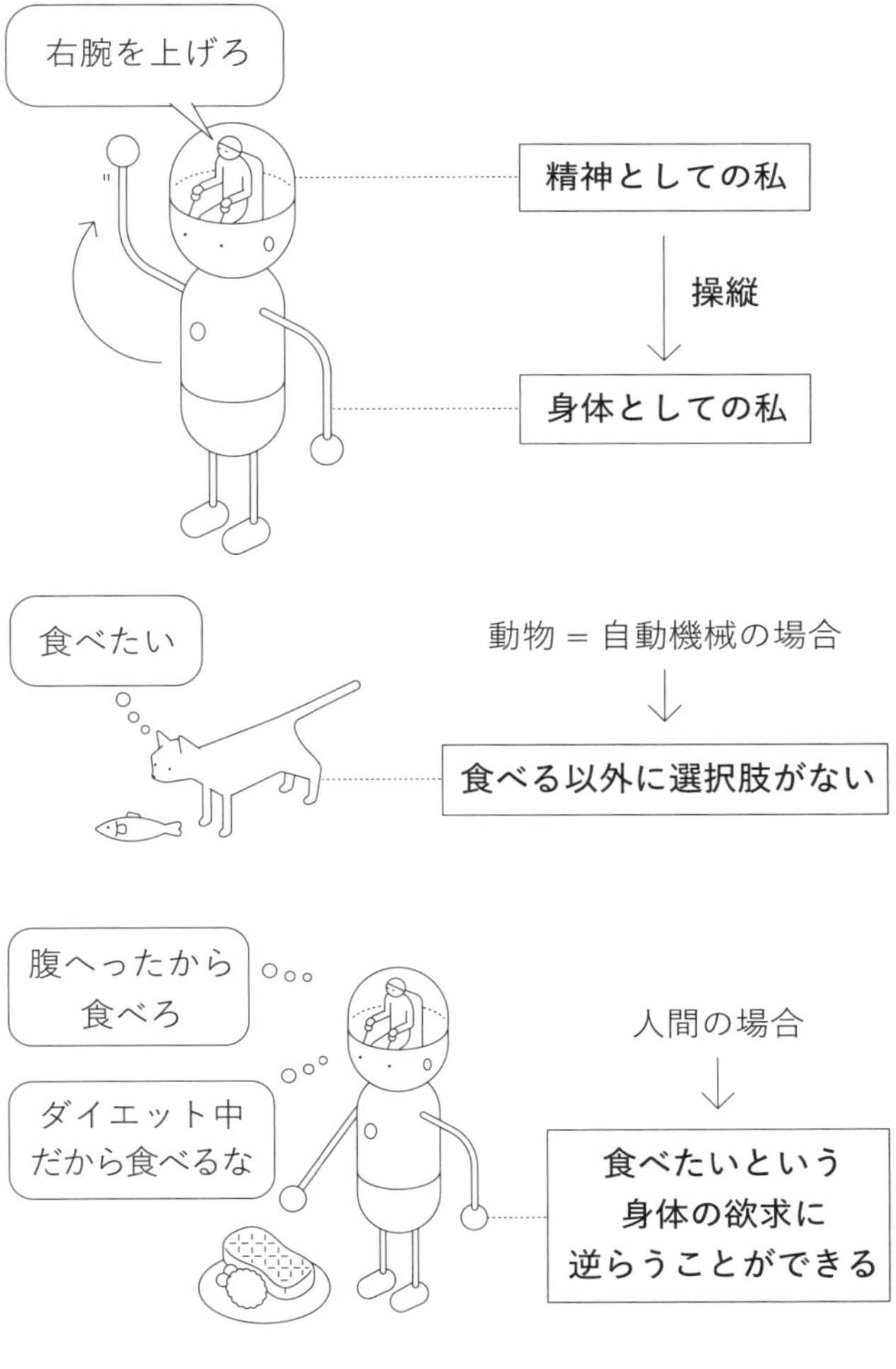

すが、デカルトは、人間の精神は脳にあって、そこから身体を操縦していると考えました）。

たとえば、ガンダムが右腕を上げるという動作をするとき、機械が自動的に動いているのではありません。そうではなく、まずパイロットが、そういう動作をせよという命令を出します。ガンダムは、そのパイロットの命令に服従するかたちで、そのとおりの動作をします。

当たり前のことをいっているようですが、これはじつはきわめて重要なことなのです。

なぜなら、デカルトがいったことは、これこそがまさに「人間」という存在の存在様式であり、こういう存在の仕方と行動の仕方をしているのは人間だけだ、ということだったからです。

人間の身体も、まさに、きわめて精巧な機械のようにできています。

しかし、この機械は、自動的に動いているのではありません。この機械を操作しているのは、人間の精神なのです。

私が右腕を上げるという動作をするとき、まず、私の精神が、そういう動作をせよという命令を出します。そして、私の身体が、その精神の命令に服従するかたちで、そのとおりの動作をするのです。

「精神が身体を支配する」というのは、こういうことです。

精神の「命令」に、身体が「服従」する。

繰り返しますが、そういう存在の仕方をしているのは人間だけであり、したがって、それこそが、人間の人間たるゆえんである。

これが、デカルト以来、近代の人間観の、もっとも基本的な考え方となったのです。

「自由」と「自律」は「人間」の本質

とはいえ、それでもまだ、そんな単純なことが、なぜそれほど大事なことなのかと、思われるかもしれません。

では、次のような例を考えてみてください。

私がいま、ものすごくお腹がすいていて、目の前に、誰かのおいしそうなお弁当が放置されているとします。

このとき、私の「身体」は、空腹を満たすために、そのお弁当に飛びつこうとします。

これは「本能」であり、本能とは「自然法則」です。そして自然法則とは、自然=身体のメカニズムですから、これは機械の自動運動と同じです。

空腹状態のときに、「目の前に食べ物がある」という情報がインプットされると、自動的に、それを食べようとする行動（運動）がアウトプットされるわけです。

デカルトが、人間以外の動物は機械と同じである、と考える理由は、ここにあります。

私が、イヌやネコだったら、本能（自然法則）の命令に従って、目の前のお弁当に飛びつきます。それ以外の選択肢はありません。これは、機械の自動運動と同じだからです。

しかしながら、私はイヌやネコと違って、食べることも食べないこともできます。どちらを選ぶこともできるという、「自由」があるのです。

そして、どちらを選ぶかを決めるのは、私の「精神」です。

私の「精神」が、食べるか食べないかを、自由に判断し、決定して、その決定を「身体」に命令するのです。

重要なことは、それゆえに、**人間だけは、自然法則（本能）に逆らうことができる**ということです。

それが、人間の「自由」なのです。

イヌやネコに、その自由はありません。彼らは、自然法則に服従するしかありません。その意味で、人間以外の動物は「不自由」なのです。

しかし、人間だけは、自然法則に服従するのではなく、自分自身の命令に服従することができます。

身体の自然法則が「食べよ」と命令しても、その命令に逆らって、「食べるな」という精神の命令のほうに、従うことができるのです。

このように、**自然法則の支配から解放されて、自分で自分の行動を決定できるということ。これが人間の「自由」**です。

そして、**その自由に基づいて、自分で自分の行動を決定すること。それが「自律」**です。文字どおり、自分で自分を律するのです。

かくして、この意味での**「自由」と「自律」こそ、人間が——動物や機械とは異なる——「人間」であることの本質である、**ということになるわけです。

本章の「1」において、「自由であること」と「人間であること」とは、ほとんど同じ意味であるとさえいってもよい、といったのは、こういうことなのです。

「自由」「道徳」「人間」は三位一体

さて、ここはきわめて重要なところですので、あらためて、よく考えてみてください。

人間の「自由」とは、簡単にいえば、「自分のことは自分で決める」ということです。

ということは、ここには、**「服従」が「自由」を意味するという逆説**があることになります。なぜなら、「自分のことは自分で決める」ということは、言い換えれば、「自分自身の命令に服従する」ということだからです。

他人の命令にも、本能の命令にも服従せず、ただ自分自身の精神（理性）の命令にのみ、服従するということ。これが、人間だけがもっている「自由」なのです。

もう一度いいますが、動物や機械は、自然法則や本能に「支配」されています。それに逆らう「自由」はありませんし、自分で自分の行動（運動）を決定する「自由」もありません。だから、「不自由」なのです。

しかし、人間だけは、自然法則の支配から「解放」された「精神の自由」をもっています。だから、人間だけが、自然法則（本能）に逆らう「自由」をもっていますし、自分の行動を自分自身で決定する「自由」をもっているのです。

「人間の自由」とは、まず何よりも、このような意味での「精神の自由」であり、それは、自然法則（本能）からの「解放」を意味するのです。

したがって、人間が自然法則（本能）に逆らい、自由な精神＝理性に基づいて、自分で自分に命令し、その命令に服従することができたとき、はじめてその人は、自分が自由な人間であることを、証明することになるのです。

先ほどの例でいえば、空腹のとき、目の前にある他人の弁当を食べたいという本能に逆らって、盗んではならぬという命令を自分自身に与え、その命令に服従して、食べないという選択をすることができたとき、はじめてその人は、自分がたんなる動物でも機械でもない、人間であることを証明することになるわけです。

要するに、**身体の本能的欲求に逆らい、理性の道徳的命令に服従すること。これが、ほんとうの「自由」の意味**なのです。

かくして、「自由であること」「道徳的であること」「人間であること」。この3つは、いわば三位一体（3つのものであると同時に、本質的には同じ1つのもの）であり、結局は3つとも同じことを意味していることになります。

言い換えれば、「自由」であることと、「道徳」の命令に服従することとは、じつはほとんど同じことであり、この両者があって、はじめて人間は「人間」でありえるのです。

だからこそ、これも「1」で述べたように、この意味での「自由」は、「人間」であることの本質を構成する「道徳」として、すべての人間に教育されなければならないのです。

「やりたいことをやる」のは「不自由」な「奴隷」

そしてまた、ここにいたって、ようやく、**「やりたいことをやりたいようにやる」ということは、けっして「自由」ではなく、むしろ「不自由」を意味する**、と述べたことの意味も、明らかになったのではないでしょうか。

「やりたいことをやりたいようにやる」――腹が減ったから食べる、眠たいから寝る、ムカついたから殴る、欲情したからヤる……――、これらはすべて、身体の機械的な法則、すなわち本能という自然法則に「支配」されている状態です。

ここには人間の「自由」はありません。だから、「不自由」なのです。

それは結局、「私は人間ではありません。動物や機械と同じです」といっているのと同じです。**「私には本能に逆らう自由はありません。私は本能と欲望の奴隷です」といっているのと同じ**なのです。

自分の好きなことしかやりたくない。しんどいことや面倒なことはしたくない。もっと金持ちになりたい。もっと快適な生活がしたい。もっとうまいものが食いたい。若くてかわいい女の子とヤりたい……。こういった自然の本能的な欲求に逆らい、理性の道徳的な命令に服従することによって、自分で自分を支配することができたとき、はじめてその人は、「人間」になることができるのです。

「道徳」は、それをこそ教えなければなりません。

本能や欲望の奴隷になるのではなく、そこから解放されて、**理性の命令に服従し、自分で自分を支配する訓練**をしなければならないのです。

繰り返しますが、それが、動物ならざる「人間」、子どもならざる「大人」になることを意味するからです。

「奴隷の道徳」を吹き込まれる子どもたち

にもかかわらず、ほかならぬその「道徳」が、子どもたちに「自分のやりたいことをやりましょう」「自分の好きなことをやりましょう」とあおり立てているのは、いったいどういうわけなのでしょうか。

明らかにこれは、**「人間の道徳」ではなく、「奴隷の道徳」**なのです！

これが「奴隷の道徳」であるということには、2つの意味があります。

第一に、すでに述べたように、これは本能や欲望に支配された存在という意味で、「奴隷」になることを意味します。

そこから「解放」されて、「自由」な「人間」になることをめざすのではなく、欲望の命じるままに行動（運動）する、動物的で機械的な存在であるべきだということなのです。

第二に、それは結局、もっぱら労働と経済にだけ専念する存在という意味でも、「奴隷」になることを意味します。

第1章でみたように、労働と経済から「解放」された「自由」において、政治という公共的な活動に参加するのが「市民」でした。

それは、市民であることに課せられた、公的な義務でもありました。そして、それを果たすためにこそ、市民は、個々の私的な欲望から「解放」された、「自由」な人間でなければならなかったのです。

ところが、その「自由」のない「奴隷」になることを、現代の日本の社会と、そのイデオロギーを反映した学校教育は、むしろ積極的に奨励しているのです。

しかも、ほかならぬ「自由」と「道徳」の名のもとに、です。

これはいったい、どういうことなのでしょうか。

なぜ「奴隷の道徳」を教えるのか

この明らかな倒錯の背景には、いくつかの理由があるように思われます。

まず第一に、単純な、しかし根深い問題として、そもそも、本章で述べてきたような「自由」の概念の意味について、人びとがまさに理性に基づいて論理的に考える機会――つまり哲学教育を受ける機会――が、日本の教育課程には、ほとんどないという問題があります。

その結果として、多くの人が、反対の意味のほうを、まさに「なんとなく正しいと思い込んでいる」のではないでしょうか。

フランスの思想家、レジス・ドゥブレは、こういっています。

ある国が、真に民主的な国家であるか否かを見分けるのは簡単だ。それは、高校段階までの教育課程において、「哲学」が必修科目になっているか否かである、と（「あなたはデモクラットか、それとも共和主義者か」、ドゥブレほか『思想としての〈共和国〉――日本のデモクラシーのために』みすず書房、2006年［原著、1989年］）。

本書の第5章以下で、あらためて考えますが、民主的な国家とは、国民一人ひとりの、理性に基づく自律によって成り立ちます。まさに、福沢諭吉のいう「一身独立して一国独立す」なのです。

この観点からいえば、本来、教科化された小中学校の「道徳」は、まさにそのための哲学教育の場として位置づけ、再編していくべきであると、私は思います。そもそも、**教科名じたい、つまらない誤解を生じやすい「道徳」よりも、いっそのこと「哲学」にしてしまったほうがよいのではないでしょうか。**

第二に、これは戦後の日本の教育が、極端に「私的自由」を強調しすぎてきたことの名残りなのかもしれません。

本章ではふれませんでしたが、ふつう、「自由」の意味は、「積極的自由」と「消極的自由」、あるいは「公的自由」と「私的自由」とに分けて考えられます（詳しくは、本書第5章以下を参照）。

「積極的自由」は、「〜への自由」とも呼ばれ、公的な活動への参加、そして公的な義務や責任を果たす自由を意味します。だからこれが「公的自由」でもあります。

「消極的自由」は、「〜からの自由」とも呼ばれ、公的な義務や責任からの解放、そして私的な快楽や欲望を追求する自由を意味します。だからこれが「私的自由」でもあります。

したがって、たしかに、「自分のやりたいことをやる」のも、「自由」の意味の1つではあります。それは消極的・私的自由です。それに対して、本章で述べてきたのは、積極的・公的自由のほうです。

じつは、ほんとうの問題は、この両方がなければ、真に「自由」な社会は成り立たない、ということなのです。

私的自由がなく、公的自由しかない社会は、全体主義です。義務だけがあって権利がないのです。

戦後の日本は、戦前の日本がそうであったという反省から（といっても、戦時体制において私的自由が制限されるのは当然のことなのですが）、私的自由の意義を力説し、それを教育することに重点を置いてきました。その点で、たしかに、それが「道徳」として国民に教え込まれることにも、それなりの歴史的な意味はあったのです。

しかし、**公的自由がなく、私的自由しかない社会もまた、けっして「自由」な社会ではない**のです。

そこでは、あらゆることが「自由」な個人の経済競争へと還元され、人びとはそれに向かって際限なく駆り立てられます。そして、その結果として、かえって、ほんとうに「やりたいことをやる」という私的自由さえも、失ってしまうのです。

こんにちの日本が、まさにそうなのではないでしょうか。

経済成長のための「奴隷」の生産

そして第三に、私にはむしろ、**いまの政府は、意図的に、このような「奴隷の道徳」を、子どもたちに教え込もうとしているようにみえます。**

なぜなら、あくなき経済成長のためには、まさにこのような「奴隷」が必要だからです。

それは、まさに文字どおりの「エコノミック・アニマル（経済動物）」にほかなりません。メディアと教育によって、あれがほしい、これがほしい、あれがしたい、これがしたいと、際限なく欲望を開発され、ひたすら労働してお金を稼ぎ、稼いだお金でほしいものを手に入れては消費する、**労働と消費の自動機械**です。

「夢」をもち、「自分のやりたいこと」をひたすら追求するような国民が増えれば、それだけ経済の活性化と成長につながります。そのために政府は、「道徳」の名において、国民の私的な欲望を際限なく開発し、あくなき生産と消費に駆り立てようとしているのではないでしょうか。

じっさい、すでにいま、メディアや教育が「夢に向かってがんばろう」とはやし立てる一方で、さまざまな企業や学校が、「あなたの夢を応援します」「あなたの夢をかなえます」といったキャッチフレーズで、顧客や学生・生徒を、必死になってかき集めようとしているではありませんか。そして私たちは、自分の「商品価値」を高めようと、さまざまな自己啓発や能力開発に、ほとんどいやおうなく駆り立てられているのです。

さらに、政府の「道徳」重点化の教育政策が、同時に、「英語」重点化の教育政策(小学校からの英語の教科化、大学での英語授業の増加など)と並行していることにも、それは如実《にょじつ》に現われています。

政治学者の施光恒《せてるひさ》氏は、「グローバル人材」なるものの育成をめざす政府の英語教育政策は、経済成長戦略の一環として、「子供たちを外需奪取競争の一兵卒とするため」のものにほかならないと、痛烈に批判しています(『英語化は愚民化――日本の国力が地に落ちる』集英社新書、2015年)。

大きな「夢」を抱いて海外に出て、「グローバル」に活躍し、どんどんお金を稼いでくる。そんな国民をつくろうとする政府の意図が、透けてみえてくるではありませんか。

私たちは、ほんとうにそんな人生を望んでいるでしょうか。それが、ほんとうに私たちが望む、「自由」な人間の「自由」な社会なのでしょうか。

私には、「人間は自分のやりたいことをやるべきだ、それが人間の自由なのだ」という現代の自由のイデオロギーこそが、むしろ私たちを、かつてなく不自由で息苦しい社会へと、駆り立てているように思われてなりません。

そして、もしそうであるならば、私たちはいま、もう一度、本来の「人間の自由」とは何であったかに、立ち還るべきであると思うのです。

第3章のまとめ

◎「自由」とは、理性の命令に「服従」することである

◎「やりたいことをやる」のは、欲望の奴隷である

◎自由のイデオロギーから、自由になろう

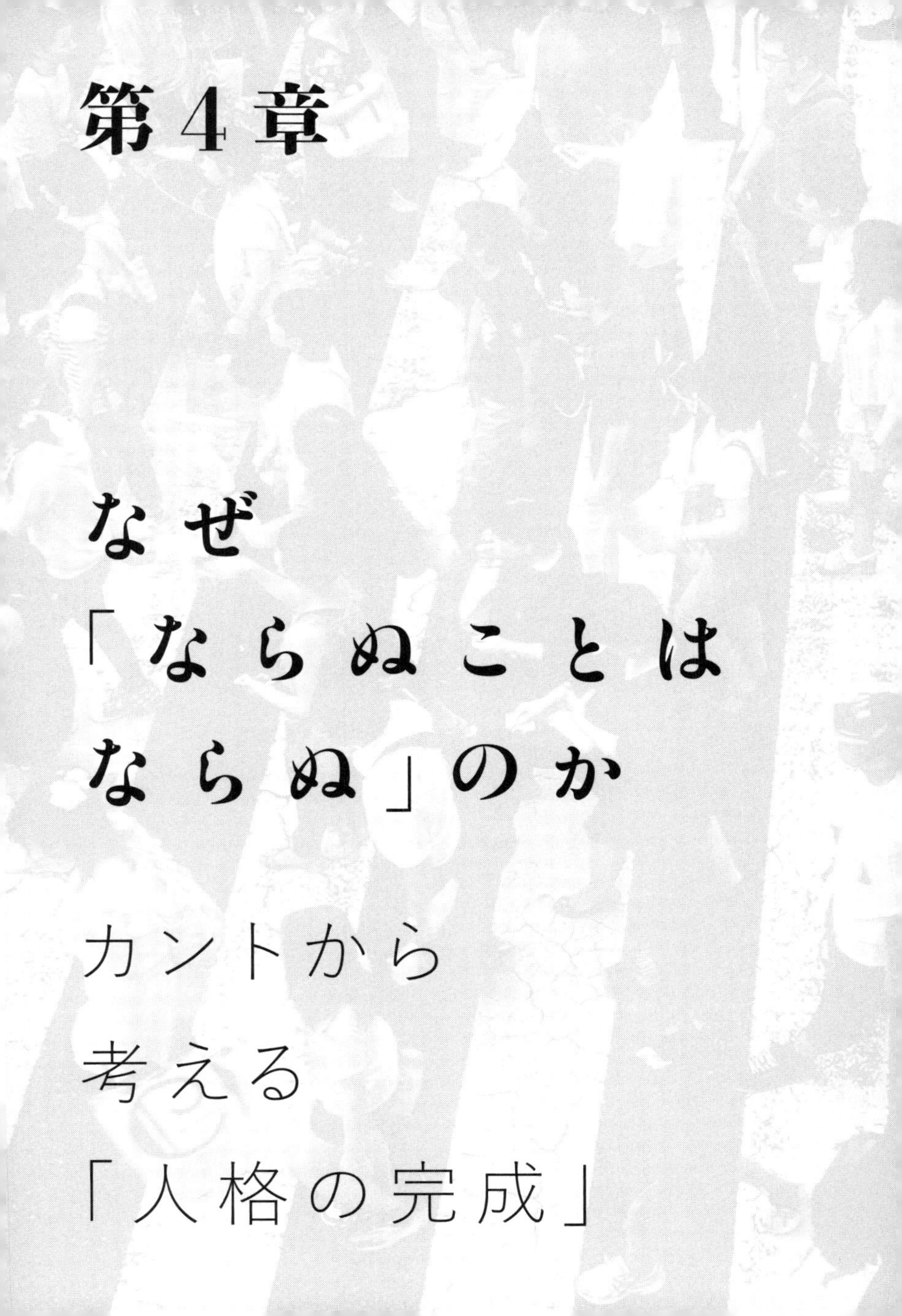

第4章

なぜ「ならぬことはならぬ」のか

カントから考える「人格の完成」

1 「自然」には、従うべきか、逆らうべきか

——近代日本思想史の逆説

「道徳」のうさんくささ

「道徳」という言葉には、どこか「うさんくささ」がつきまといます。「あの人は道徳的な人だから」という言い方には、たしかにそれなりの敬意もこもってはいますが、多くの場合、それ以上に、「融通のきかない、頭の固い人」「野暮で無粋な人」といった侮蔑的なニュアンスがともないます。あるいは、なにかにつけて「正論」を振りかざしてくる「押しつけがましい人」といったニュアンスもあるでしょう。「へえへえ、ご立派なことでございますね」という、あの感じです。

このような感覚の背景には、「しょせん人間なんて、たかが知れている」という、人間性に対するあきらめや見きわめがあります。ご立派なことをいっているけれど、どうせお前だって、自分がかわいいだろう。カネを積まれればなびくし、美人に誘われればついていく。誰

だってそんなものさ。「だって、人間だもの」というわけです。

誰だってそうなのだから、そういう人間の卑俗さや、小ささ、醜さを、否定するのではなく、むしろ認めあい、受けいれあうこと。それこそが「人情」というものではないか。「道徳」という言葉につきまとう、ある種の「うさんくささ」とは、このような感覚ではないでしょうか。

こういう感覚は、私にもよくわかりますし、ある意味では大事なことと思います。

そしてそれは、じつはきわだって「日本的」な感覚であるとも思われます。

というのは、しばしばいわれるように、ここまで本書の第2章、第3章でみてきたような、西洋近代の「自然支配」の思想は、日本人の伝統的な（とされる）思想や感覚とは、かなり異質で、にわかには受けいれがたいものであるように思われるからです。

キリスト教では、人間だけが神に似せてつくられた特別な存在であるとされます。デカルトも、人間だけが精神をもっており、その点において、他のすべての動物とは本質的に異なる特別な存在であると考えます。

しかし、日本人にはむしろ、「人間だって動物とたいして変わらない」という考え方のほうが強くあったように思われます。

だから、自然から離れて、自然を支配して、人工的な世界をつくるのではなく、むしろ自然に帰り、自然に従って、自然と共に生きるということを、よしとしてきたところがあります。つまり、自然に「逆らう」のではなく、自然に「従う」ことのほうが、人間の理想的な生き方である、という考え方です。「自然随順《ずいじゅん》」や「無為《むい》自然」、つまり人間の「作為《さくい》」を否定して、ありのままの自然に従い、自然のおのずからな成り行きにまかせる、ということです。

このような思想や感覚からすれば、「人間だけは特別だ、だから人間は立派な道徳的存在であるべきだ」という西洋近代の「道徳」の考え方は、なにかひどく傲慢でいびつなものであるように思われるのです。

西洋近代思想は諸悪の根源？

哲学・思想の世界でも、近年、そういう日本の伝統的な自然観や人間観に帰るべきだといった主張が、しばしばみられます。いや、これは近年にはじまったことではなく、じつに明治以来、つまり日本の近代思想史において、つねに叫ばれ続けてきたテーマです。

というのは、ここには、西洋近代の「自然支配」の思想こそが、科学技術と産業社会のあくなき「進歩」、それによる経済成長の無限の追求、そしてそれにともなう自然環境の破壊、経済格差の拡大、絶えることのない戦争や紛争等々といった、現代文明の諸問題の根源にあるものだ、という考え方があるからです。

人間が、「理性」なるものに基づいて、どこまでも自然をコントロールし、社会を合理的に設計しようとする、その発想そのものに問題がある。だから、現代文明の危機を克服するためには、その根源に立ち還って、西洋の「自然支配」の思想そのものを克服しなければならない。そこで重要な意味をもってくるのが、西洋の「自然支配」の思想とは正反対の、日本の「自然随順」の思想である。私たちは、もう一度、私たち自身の伝統に立ち還って、自然に従い、自然と共に生きる生き方を、取り戻さなければならない、というわけです。

最近では、思想家の佐伯啓思氏も、しきりに「西洋哲学との対峙」において「日本的精神」を論じています。

もともと佐伯氏は、90年代の後半には、西洋近代を成り立たせている伝統的なものとしての、古代以来の「市民精神」などに注目し（これについては、本書の第5章以下でも論じます）、それに相当する日本の精神的伝統として、たとえば「武士道」などを再発見する必要を説いていました（『「市民」とは誰か――戦後民主主義を問いなおす』PHP新書、1997年、『増補版「アメリカニズム」の終焉――シヴィック・リベラリズム精神の再発見へ』ティビーエス・ブリタニカ、1998年など）。

ところが、2000年代になると、むしろ西洋の近代思想は、日本の精神的伝統とは「まったく異なった」ものであるという認識を強めはじめたようです（『日本の愛国心――序説的考察』ＮＴＴ出版、２００８年）。そして最近では、その西洋とはまったく異なった「日本的精神」を、哲学的に論理化したものとして、いわゆる京都学派（戦前の日本で、京都大学を中心に活動した哲学者たちのグループ）の「無の思想」の意義を説いたりなどしておられます（『西田幾多郎――無私の思想と日本人』新潮新書、２０１４年など）。

それは、こういうことです。

こんにちの破滅的なグローバル化や市場競争原理や経済成長主義の根源には、「神」や「理性」を絶対的な「主体（存在、有《う》）」として立て、その主体が世界を支配すると考える「西洋の論理」がある。しかし、日本人はもともと、それとはまったく異なった、「無我」「無私」「無心」といった「無の思想」をもっていた。それは「我欲や私利へと傾く『主体』を無化し、脱主体化する精神」であった。そこにもう一度立ち還れば、グローバル化や無限の経済成長などといったイデオロギーに席巻される現代の破滅的な世界から、少しは距離を置くこともできるはずだ。そんな世界は、本来、私たちが望む世界ではないのだということに、気づくこともできるはずだ。

このような考え方のもとに、おそらくは、やや意図的に、西洋の「主体」の思想と日本の「脱主体」の思想、つまり、ここでいう「自然支配」の思想と「無為自然」の思想とを、「まったく異なった」ものとして、対置しているわけです。私自身も、この意図はよく理解できますし、事実としても、一面においてはそうだろうと思います。

しかし、同時に、この論の立て方には、ある種の危うさも感じずにはいられません。というのは、「無の思想」や「脱主体化の思想」、あるいは「自然随順」や「無為自然」といった日本人の伝統的な（とされる）自然観に帰れと、あまり安易に説くことは、場合によっては、もろもろの現代文明の危機に対する処方箋や解毒剤にならないばかりか、むしろそれを助長してしまう恐れさえあるのではないか。そのようにも思われるからです。

それは、どういうことでしょうか。

この問題は、「西洋近代思想を問い直す」という本書の根本的なテーマにも関わるものですので、ここでもう少し、論じておきたいと思います。

西洋近代思想の「悪魔化」

日本人は、西洋近代思想のように、人間を自然の外に立つ、特別な存在とは考えてこなかった。つまり、主体として人間が、客体としての自然を、支配・操作・設計するべきであるなどとは、考えてこなかった。むしろ、真の主体は自然のほうであり、その自然の「おのずから」な成り行きに、思い切って身をまかせるのがよい。

これが人間の脱主体化です。簡単にいえば、人間の欲望も作為も、すべて捨て去って、自然のおのずからな成り行きと一体になる。それが、自然に従い、自然と共に生きる、ということでしょう。

しかし、それが伝統的な「日本的精神」であったのだとすれば、私たちは、たちどころに次のような疑問にぶつかります。

もしそうであったのだとすれば、なぜその日本人が、当の西洋人からも白眼視されるほどの「エコノミック・アニマル」に成り下がってしまったのでしょうか。なぜ、世界でもっとも自然と親しみ、自然と共に生きることをよしとしてきたはずの日本人が、むしろ率先して自然環境を破壊し、世界でも例をみないほど、国土を荒らし、景観を損なって、はばからないのでしょうか。そして、環境の保全や景観の保護に関する、技術だけではなく、その思想そのものまでをも、なぜ西洋から学ばなければならなくなってしまったのでしょうか。

これらのことが、まったく理解不能になってしまいます。

フランスの哲学者で、卓越した日本文化研究者であるオギュスタン・ベルク氏も、同じ問いを発しています（『風土の日本――自然と文化の通態』ちくま学芸文庫、1992年〔原著、1986年〕）。そして、私もベルク氏と同じように、次のように考えます。

むしろ、この種の議論において、つねに「日本的精神」や「日本思想の伝統」とされてきたもの、そしてとくに「日本人の自然観」とされてきたもの――あくまでも、「とされてきた」ものであって、それそのものではありません――こそ、こんにちの日本の惨状の元凶であると考えたほうがよいのではないか。

つまり、西洋近代思想が、事実として、現代文明の諸悪の根源であるわけではなく、むしろ、それを諸悪の根源として、いわば「悪魔化」すること。そしてそのうえで、それとは正反対の、善き美しきものとして、「自然随順」や「無為自然」といった思想を「日本の伝統」と見なして、称揚すること。

このことが、じつは日本人自身の自己認識を歪め、結局は日本を誤った方向へ導いてしまっているのではないか、ということです。

近代日本思想史の隠された悲劇

簡単にいえば、こういうことです。

自然にまかせていれば、すべてがうまくいくはずなのに、愚かな人間があれこれと考えをめぐらせて、それに逆らったり、無用な手を加えたりしようとするから、世の中はうまくいかないのだ。これが、通俗的な「日本人の自然観」です。

すると、どうなるでしょうか。

カネを積まれれば心が動く。美人に誘われれば下心を抱く。これは「自然」なことです。自然なことだから、それに逆らうのは、人間として「不自然」なことである、ということになります。

そして、不自然なことをしようとするから、世の中はうまくいかない。

だから、そういう人間の「自然」な欲望には、「不自然」に逆らおうとせず、むしろ、ありのままに認めてしまうのがよい。こういうことになるでしょう。

「理性」だの「道徳」だの、人間がこしらえたもので人間を縛ろうとするから、世の中はうまくいかないのだ。だから、そういう人間を縛るものを捨て去って、ありのままの自然の姿を認め、自然のおのずからな成り行きに身をまかせればよい。そうすれば、世の中はすべて丸くおさまるのだ。

本章の冒頭で述べた、「道徳」という言葉につきまとう「うさんくささ」の感覚は、結局、こういうものではないでしょうか。

はたして、これがほんとうに「日本の伝統」なのでしょうか。

そうは思えません。

あるいは、かりに過去の日本が、事実としてそうであったのだとしても、それがほんとうに、現代の私たちが、主体的に過去から引き受け、そして未来に引き渡していくべきものという、正しい意味での「伝統」なのかと問えば、やはりそうは思えないのではないでしょうか。

たしかに、近代以前の日本の庶民世界には、こういう感覚が強くあったようです。

第1章の冒頭でも引きあいに出した渡辺京二氏は、江戸社会の人びとの、のどかさ、のびやかさの根底にあったのは、これではなかったかといっています。

「この世も人間もたかが知れている」という感覚は、「人間という存在の自分勝手さへのおかしみ、たがいにそういうおかしい存在であることへの寛容」に帰結したのであり、それがいわゆる「人情」ではなかったか、と（前掲『逝きし世の面影』）。

いまでも、たとえば落語の世界などに、この種の「人情」は、比較的容易に見いだすことができるでしょう。それはそれで、1つの美しい世界であると、私も思います。

けれども、ここから、「しょせん、世の中はカネだ」という露骨な拝金主義や、「結局、欲望がすべてだ。欲望のままに生きて何が悪い」という卑俗な快楽主義、さらには「ありのままの自分でよいのだ」という浅薄な個性主義や、「まあ、自然にまかせておけば、なるようになるだろう」という無責任な楽観主義までは、ほんのあと一歩でしょう。

そして、その「あと一歩」こそが、まさに「近代」だったのではないのでしょうか。**私的な欲望の追求が、まさに「自然」の「権利」として、認められたのが近代でした**（本書、とくに第5章、参照）。

これが「自然」であるならば、それを抑制する道徳や規律は、「不自然」であらざるをえません。欲望のほうが、「自然」であるがゆえに真実な実体であり、それを抑制する道徳は、人間の不自然で作為的な虚構であらざるをえなくなるのです。

かくして、**悪魔化された西洋近代思想に対置され、善き美しきものとして称揚され続ける「日本人の自然観」なるものは、じつは、その意図とは裏腹に、無限の欲望の追求や経済成長主義と、きわめて親和的なものとなります。**

そして結局は、むしろ、それを追認し、さらには推進さえすることになってしまうのです。

これが、近代日本思想史の逆説であり、隠された悲劇というべきものではないでしょうか。

2 ならぬことはならぬ——カントの「武士道」的道徳哲学

なぜカントなのか

さて、本章のテーマは、カントの道徳哲学です。

カントほど、いわゆる西洋近代的な「道徳」の考え方を、典型的に表現した人はいません。

つまり、人間は「理性」をもった存在であり、それゆえに、他のいかなる動物とも異なる特別な存在であり、またそれゆえに、立派な道徳的存在でなければならない、という考え方を、彼ほど典型的に表現した哲学者はいないのです。

また、したがって、彼の道徳哲学は、徹底的に「自然支配」の思想で貫かれています。

つまり、「精神（理性）」によって「身体（自然）」を支配すること、精神の理性的な命令に「服従」し、身体の自然な欲望に「逆らう」ことこそが、人間の「道徳」である、という西洋近代の人間観と道徳観を、もっとも徹底したのが、カントの道徳哲学なのです。

「1」でみたように、もし、自然に「逆らう」のではなく、「従う」ことをよしとするのが、日本の思想的伝統であるのだとすれば、これほど日本人にとって異質で、受けいれられない思想はないでしょう。

しかし、そうでしょうか。

明治以来、ひじょうに多くの日本の哲学者が、カントを研究してきました。

戦後の道徳教育にも大きな影響を与えた、天野貞祐《ていゆう》（50年代に文部大臣を務め、「修身」の復活を提唱して物議をかもしました）や高坂正顕《まさあき》（60年代に「期待される人間像」という答申を文部省に起草し、それがその後の道徳教育に大きな影響を与えました）は、その代表です。いわゆる「無の思想」を説いた西田幾多郎《きたろう》や田辺元《はじめ》ら、京都学派の哲学者たちも、他方では、やはり熱心にカントを読みました。その他、和辻哲郎、安倍能成《よししげ》、阿部次郎等々、カント哲学の研究と普及に努めた人物を挙げ出せば、きりがないほどです。

なぜでしょうか。彼らはたんに、西洋近代を知るためには、その代表的な哲学を勉強しなければならないというだけの理由で、カントを読んだのでしょうか。あるいは、はじめから西洋近代に「対抗」するために、まずはそれを知ろうとしたのでしょうか。

そうではないでしょう。彼らは皆、そこに何か人間の理想的なもの、美しいものを見いだしたからこそ、それに魅了されたにちがいないのです。

これも渡辺京二氏がいっています。明治になって、日本人が西洋近代思想を受けいれたのは、たしかに一面では、そうしなければ生き延びることができなかったという、やむをえない理由によるものではあった。しかしながら、同時に「彼らは人間の新しい可能性、文明のもっと魅惑的なありかたを示すものとして、それを歓呼して迎えた」のであり、「この事実を忘れてはならない」のである、と(『近代の呪い』平凡社新書、2013年)。

そして、それに付け加えるとすれば、彼らがそれを「新しい可能性」として迎えることができたのは、そこに「かつてわれわれの精神がみたもの」を、つまりまさに日本の「伝統」と共鳴するものを、見いだしたからにほかなりません。

カントの道徳哲学は、まさにそういうものとして、日本人に受けいれられたのです。

カント主義は武士道と同じ?

『「いき」の構造』――「いき」という江戸の美学を西洋哲学の概念で分析したユニークな哲学書――で知られ、日本の詩歌の美しさを哲学的に分析するなど、誰にもまして「日本的」な感性の持ち主であった哲学者、九鬼《くき》周造も、カントの道徳哲学に深く魅了された人物の一人です。

やや難解かもしれませんが、彼がカントの道徳哲学をどうみていたか、たとえば次の文章を読んでみてください。

一体、何故に我々は功利主義に本能的な反発を感ずるのであろうか。何故にカントはかくも大きな影響を我々に及ぼしているのであろうか。〔……〕我々は時折、日本人は「模倣」に巧みなだけだというたわいない非難を受けている。一文明が他の文明に出会った時、相互の影響はまったく当然なことである。しかしながら、理念の受容は何ら模倣を意味しない。生じているのは選択を通じての同化である。選択の仕方そのものが、つねに選択する主体に特有の自発性と活動性を示している。ところで我が日本には、主要な二つの思想の流れがある。武士道という形での神道の思想と禅という形での仏教の思想である。武士道すなわち「サムライの道」は絶対精神の信仰であり物質的なるものの無視である。それは「意気」の理想主義的道徳である。かくしてそれは日本におけるカント主義受容の必要不可欠の条件だったに相違ない。カント主義は、おそらく、認識論としてはともかく、少なくとも「道徳形而上学の基礎」としては、武士道の国にひとたび導入された上は決して滅ぶことはないであろう。

（「日本におけるベルクソン」1928年、坂本賢三訳、『九鬼周造全集 第一巻』岩波書店、1981年、所収）

要するに彼は、カントの道徳哲学には、「武士道」と呼ばれる日本の伝統的な思想と、深く通ずるものがある。だからこそ、日本人はそれを、強い共感をもって、喜んで受けいれたのだ、といっているのです。

もちろん、ここで彼の、いささかナイーヴな表現をあげつらったり、何を根拠にそんなことがいえるのだと、客観的な真偽を問いただしたりしても、意味はありません。

20世紀前半という、こんにちにも比せられるグローバル化の時代を生きた日本の哲学者が、西洋の近代思想と日本の伝統との関係を、このように理解したということ。

それが重要なのです。

功利主義と義務論――商人のたとえ

では、カントの道徳哲学の、どこがそんなに日本人の琴線にふれたのでしょうか。

それは、カントが徹底した「義務論」の立場をとったことでしょう。右に引用した九鬼の文章でも、「我々は功利主義に本能的な反発を感ずる」と述べられています。カントは、この「功利主義」の道徳哲学に反対し、「義務論」の道徳哲学を提唱しました。

簡単にいえば、功利主義は、道徳は人間の快楽のための「手段」であると考えます。

それに対して、義務論は、**道徳はそれじたいが「目的」であり、快楽のための手段であってはならない**、と考えます。

どういうことでしょうか。カント自身が、こんな例を挙げて説明しています。

ここに、ある商人がいて、この人は商売を成功させて金持ちになりたいと考えています。

そこで、この商人はこう考えました。

商売が成功するためには、まず人から信用される人間でなければならない。嘘つきで、商品の値段をごまかしたりしていたら、信用を失って客が来なくなってしまう。したがって、まずは嘘をつかず、いつも正直でいなければならない。そうすれば、人に信用されて、客も集まって、商売も成功するにちがいない。

こう考えて、この商人は、いつも正直で、けっして嘘をつきません。

ところで、正直で嘘をつかないということは、善です（ほんとうは、どうしてそれが善であるといえるのかという問題は残るのですが、それはいまはおいておきましょう）。そうすると、たしかにこの商人は、正直で嘘をつかないという善を実践しています。

では、したがってこの商人は「道徳的」である、といえるのでしょうか。

功利主義は、この商人は道徳的であるといってよろしい、と考えます。

なぜなら、この商人が正直で嘘をつかないことによって、この商人自身も利益を得ますし、騙《だま》されて不利益をこうむる人もいなくなります。つまり、個人的にも社会的にも、快楽が増進し、苦痛が軽減します。

道徳とは、まさにそのためにこそあるものだ、というのが、功利主義の道徳哲学です。道徳は快楽のための「手段」であるというのは、こういうことです。

しかしながら、カントは、それは違う、というのです。

自分が商売に成功するための「手段」として、正直という善を実践しても、それはほんとうの「道徳」ではない。そうではなく、正直であるということ、それじたいを「目的」として、言い換えれば、正直であることが善であるからという、ただそれだけの理由で、正直であるのでなければ、ほんとうの意味で「道徳的」とはいえない。

このように、**道徳は、無条件の「義務」として実践される場合にのみ、ほんとうの「道徳」といえるのだ**、と考えるのが、義務論の道徳哲学です。

カントは、徹底してこの立場に立ったのです。

「道徳」は「打算」ではない

なぜ、そういう考え方になるのでしょうか。

理由は、簡単といえば簡単です。

要するにカントは、この商人は「**動機が不純**」だ、といっているのです。

いっけん、たしかにこの商人は、正直という善を実践していて、善人らしくみえる。しかしながら、それは結局、自分が金持ちになりたいから、というだけのことではないか。それはたんなる「打算」であって「道徳」ではない。カントがいっているのは、そういうことです。

なるほど、いかにも「ご立派」な考え方です。

では、なぜそれではダメなのでしょうか。

べつに、そこまで道徳に「動機」の純粋さを求めなくても、「結果」として、自分にも他人にも利益になっているのであれば、それでよいではないか、とも考えたくなります。

しかしカントは、あくまでも、それではダメだというのです。

なぜでしょうか。もう少しカントのいうことを聞いてみましょう。

まず第一に、道徳が快楽のためのたんなる「手段」にすぎないのであれば、道徳の「必然性」が失われてしまう、と彼はいいます。言い換えれば、道徳がたんなる「偶然性」に帰されてしまうのです。

いささか難解な言い回しですが、彼がいいたいのは、こういうことです。

いまのたとえのように、「商売を成功させるために、正直で嘘をつかない」という場合、商売を成功させるという「目的」に、正直で嘘をつかないという「手段」が、たまたま、たんに偶然的に、適合したにすぎません。

つまり、この商人が正直という善を実践したのは、たんなる偶然である、ということになってしまうのです。

たしかに、考えてみれば、この場合、この商人がどうしても正直でなければならない必然性はありません。もしこの商人が、嘘をついて客を騙すという手段のほうが、商売に成功するという目的を実現するために、より適合的であると考えれば、彼は簡単に、嘘をついて客を騙すという行為のほうを選択するでしょう。

これでは、道徳が「道徳」として成り立ちません。

つまり、人間がそれに従う「べき」であるという、必然的な理由がなくなってしまうのです。

だから彼は、道徳は「手段」であってはならず、それじたいが「目的」でなければならない、と主張したのです。

道徳は「断言的命令」でなければならない

このことをカントは、「仮言命法《かげん》」と「定言命法《ていげん》」という独特の概念を用いて説明しています。道徳的命令（命法）には、こういう2種類のかたちがある、というのです（図4-1）。

これまた、いっけん難解な哲学用語ですが、内容としては、じつはなにも難しいことをいっているわけではありません。

まず、仮言命法とは、「仮説的命令」とも訳せるもので、「もしBならば、Aであるべし」というかたちの命令のことをいいます。

先ほどの例でいえば、「もし商売に成功するならば、正直であるべし」がこれです。

その他、たとえば「もし先生に叱られるならば、いじめをしてはならない」とか、「もし法律で罰せられるならば、人を殺してはならない」なども、この仮言命法です。

他方、定言命法とは、「断言的命令」とも訳せるもので、端的に「Aであるべし」というかたちの命令のことをいいます。

図 4-1

仮言命法と定言命法

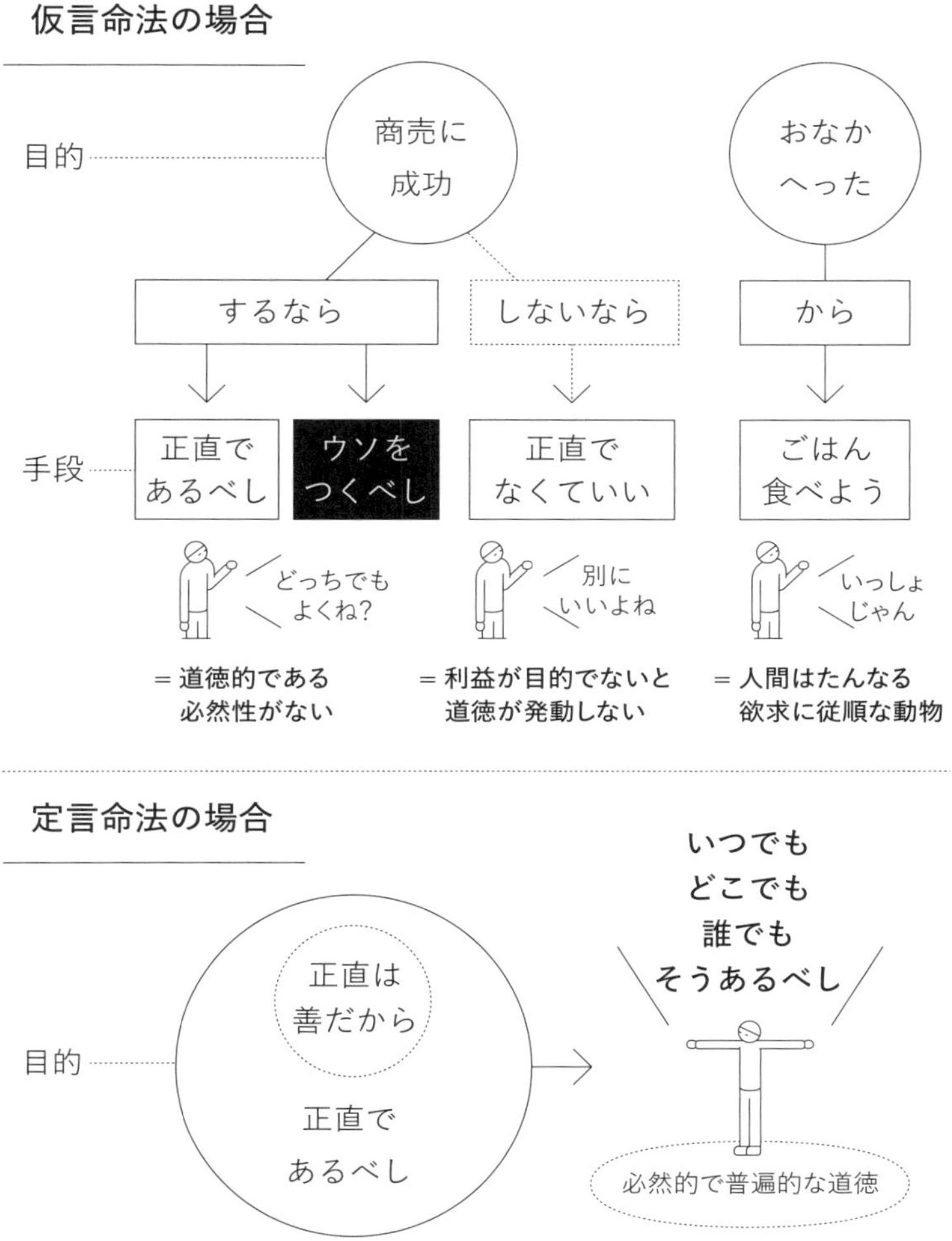

「もしBならば」という条件つきの命令ではなく、無条件に「Aであるべし」です。

だから、無条件に、「正直であるべし」「いじめをしてはならない」「人を殺してはならない」という、まさに断言的な命令が、定言命法です。

功利主義の道徳は、つねに仮言命法になります。

「もしBならば」の部分に、快楽や利益が「目的」として立てられるわけです（「商売に成功するために、正直であるべし」）。

しかしながらカントは、人間の「道徳」は、この仮言命法であってはならない、と考えるわけです。

なぜなら、仮言命法のかたちでは、「もしBならば」という条件を与えられないかぎり、「Aであるべし」という道徳が発揮されないからです。

「もし商売に成功するならば、正直であるべし」というのであれば、「もし商売に成功しないならば、正直である必要はない」ということにもなってしまいます。同じように、「先生に叱られなければ、いじめをしてもよい」とか、「有罪にならなければ、人を殺してもよい」とかということにも、なってしまうでしょう。

したがって、本来の人間の「道徳」は、定言命法でなければならない、ということになるわけです。

「もしBならば」という条件なしに、いついかなるときも、つねに、「Aであるべし」。

商売に成功しようがしまいが、つねに、「正直であるべし」。

先生に叱られようが叱られまいが、つねに、「いじめをしてはならない」。

法にふれようがふれまいが、つねに、「人を殺してはならない」。

このような、**例外を許さない断言的命令に、断固として従うこと**。これが、本来の意味での、人間の「道徳」なのだと、カントはいったのです。

「心の傾き」に逆らう

さらに、カントが功利主義の道徳哲学を拒否した理由は、もう1つあります。それは、こういうことです。

「金持ちになるために、正直でいる」。

これは、「空腹を満たすために、食事をとる」とか「睡眠をとるために、布団に入る」とかということと、なんら変わらないのではないでしょうか。

なぜなら、「金持ちになりたい」というのは、「食べたい」「眠りたい」などと同じく、自然な欲望だからです。

つまり、道徳が快楽のための「手段」にすぎないのであれば、それは結局、人間は自然な本能や欲望に従うだけの、たんなる動物や機械と同じである、ということになってしまうのです。

これは、「自由」であることこそが「人間」の本質であると考えるカントにとって、なんとしても受けいれられない考え方でした。

カントは、快楽を求める人間の自然な欲望のことを、「**心の傾き**」や「**自然の傾向性**」と呼びます。そして、それは結局、身体的な感覚性に行き着く、ともいっています。

つまり、人間は、ほうっておけば、自然に、「おいしい」「気持ちいい」「楽しい」といった、感覚的な快楽を求める。その欲求に、自然に心が傾いていく。

これは、身体の自然法則であり、動物的な本能である、というわけです。

そして、だからこそ、人間は「人間」である以上、それに逆らわなければならない。

これが、カントの人間観と道徳観の根底にある考え方です。

もはやいうまでもないでしょう。すでに第3章でみたように、身体の自然法則に「逆らう」ことができるということが、人間の「自由」であり、そういう意味で自由な存在であってこそ、はじめて人間は、動物や機械とは異なる「人間」であることができるのです。

その自由を放棄し、**「心の傾き」のままに快楽を追い求めて生きることは、人間が自分自身を、本能や自然法則に支配された「奴隷」の状態におとしめることを意味します。**

カントは、人間が「奴隷」ではなく、「自由」な存在であることこそが、人間の「尊厳」であるといいます。

功利主義の道徳の考え方は、いっけんわかりやすく、合理的ですが、カントは、それが人間の「尊厳」をおとしめるという一点において、あくまでも拒否したのです。

だから、「自由な人間の道徳」は、「快楽のための善」ではなく、「善のための善」でなければならない。彼は断固として、そう主張したのでした。

ならぬことはならぬ

さて、こうみてみれば、なるほど、このカントの道徳哲学が「武士道」に似ていると評され、多くの日本人が深く共感したのも、わかる気がするのではないでしょうか。

つい快楽を求めてしまう「心の傾き」に、断固として逆らうこと。

これは、いわゆる「武士は食わねど高楊枝」といった、「やせ我慢」の道徳を彷彿させます。

ちなみに、「やせ我慢」とは、福沢諭吉が晩年、「一身独立」と「一国独立」のためには、なんとしても必要不可欠な「士風」であると、語気を強めて力説したものでもありました（「瘠我慢《やせ》の説」、1901年。本書第7章の4、参照）。

また、カントのいう定言命法とは、現代風にいえば「ダメなものはダメ」といったところでしょうが、もう少し伝統的な日本の言葉づかいでいえば、これは「ならぬことはならぬ」ということです。

利益になろうがなるまいが、人間として、「ならぬことはならぬ」のです。

「ならぬことはならぬ」。

これは、江戸時代、会津藩の子どもたちが学んだ「什《じゅう》の掟」と呼ばれる道徳訓のなかにある言葉です。

「什」とは、6～9才の会津藩士の子弟たちが、武士としての心構えを学んだグループのことで、この「什の掟」には、「卑怯な振舞をしてはなりませぬ」「弱い者をいぢめてはなりませぬ」といったいくつかの掟が記されていました。

そして、そのむすびの言葉が、「ならぬことはならぬものです」であり、これは会津藩士たちにとって、決め台詞や合い言葉のようなものであったといわれています。

戊辰《ぼしん》戦争（明治新政府と旧幕府軍との戦争）を戦い、「幕末のジャンヌ・ダルク」などとも称された会津の女性、新島《にいじま》（山本）八重《やえ》の生涯を描いたＮＨＫの大河ドラマ『八重の桜』（２０１３年）で、この言葉はいちやく有名になりました。この作品では、銃の名手でもあった彼女が、押し寄せる新政府軍を前に、「ならぬことはならぬものです」とつぶやきながら徹底抗戦する、勇ましい姿も描かれていました。

のちに彼女の夫となった、クリスチャンで同志社大学の創設者である新島襄《じょう》が、アメリカ留学時代の恩人に、彼女を「ハンサムな女性」と評して紹介したことも有名です。

しかし、同志社女子大学の小山薫氏によると、正確には、襄は八重のことを「ハンサムな女性（handsome woman）」ではなく、「ハンサムな行ないをする人（a person who does handsome）」と評しているそうです。

そして、「ハンサム」という英語は、「威厳をもって美しい（beautiful with dignity）」「度量が大きい（magnanimous）」「勇敢である（brave）」といった「英雄的資質」を表現するものであり、事実、襄はこうも書いているそうです。

「彼女は、あることをなすのが自分の務めだといったん確信すると、もう誰をも恐れません」。

いかにもカント的というべきではないでしょうか。

そしてまた、あの新渡戸稲造《にとべいなぞう》も、『武士道』（１８９９年）――日本人の道徳観念の根底にあるものは何かを英文で論じた著作――に、こう書いています。

武士道にいう「義理」とは、「正義の道理」であり、それは「単純明瞭なる義務」を意味する。そしてそれは、「われわれの定言命法である」と。

「ならぬものはならぬ」といえること。そして、それを断固として貫くことができるということ。それが、洋の東西を問わない、「人間の条件」なのです。

3　「人格の完成」という「未完のプロジェクト」

「大人になる」ということ

ところで、「ならぬものはならぬ」という断言的命令は、いわば「問答無用」の押しつけがましい道徳のように思われるかもしれません。

しかし、もちろんそうではありません。

事実は正反対で、カントの道徳哲学は、他人から押しつけられる道徳を、むしろ徹底的に拒

図 4-2

「自律」と「道徳」

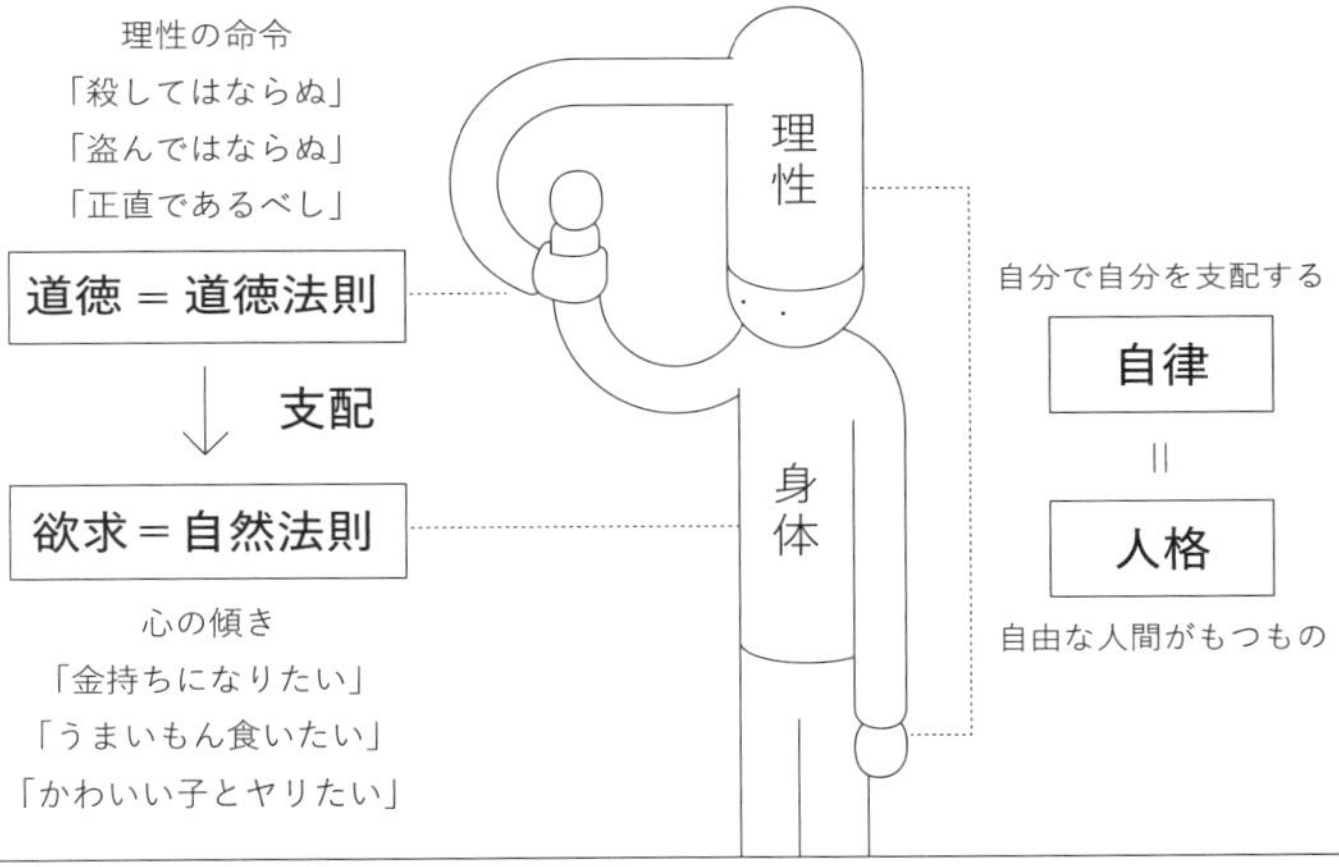

否するものです。

この点に、彼の道徳哲学が「近代」の思想である、最たるゆえんがあります。

カントは、**人間は「自由」であるがゆえに、自分自身が「立法者」でなければならない**といいます。

つまり、**「自律」**です（図4-2）。

簡単にいえば、自分で考え、自分で決めること。そして、自分で自分に服従すること。他人ではなく、あくまでも、自分自身に服従するのです。

動物は、自然法則に服従しています。自分で自分の行動を考えて決めているわけではありません。

また、子どもも、親や教師の命令に服従します。やはり、自分で自分を律しているわけではありません。

カントは、これらの状態を**「他律」**と呼びます。

「自ら律する」のではなく、「他によって律せられる」ことです。

なお、いうまでもなく、功利主義の道徳も、他律の道徳です。それもまた、「心の傾き」という自然法則に支配されているからです。

人間が「人間」になるということ、そして「子ども」が「大人」になるということは、この**「他律」の状態から脱却して、「自律」の状態へと移行すること**にほかなりません。

そして、それを可能とするものこそ、「理性」の行使なのです。

第2章の末尾で、次のようなカントの言葉を引用しました。

> 啓蒙とは何か。それは人間が、みずから招いた未成年の状態から抜け出ることだ。未成年の状態とは、他人の指示を仰がなければ自分の理性を使うことができないということである。

つまり、こういうことです。

人間は、「あれが欲しい」「これがしたい」といった自然な「心の傾き」に従うのではなく、また、親や教師や社会の命令に従うのでもなく、それらのいっさいから解放されて、ただ自分自身の理性にだけ基づいて、「何をすべきか、すべきでないか」を、まず論理的に考えなければならない。

そして、それが明らかになれば、それは人間に課せられた絶対的な「義務」であるから、みずからの意志によって、断固として、その命令に服従しなければならない。

これができるようになるということが、人間が「人間」になり、「大人」になるということの意味なのです。

みんながそれをやったらどうなるか

しかし、「理性に基づいて」とはいっても、では、何をどのように考えれば、「何をすべきか、すべきでないか」を、正しく判断することができるのでしょうか。

定言命法とは、いついかなるときも、つねに、そうであるべしという、普遍的な道徳的命令でした。だからこそ、それは絶対的な「義務」であるわけです。

カントは、これを「普遍的立法」といいます。

したがって、ある道徳的命令が、普遍的立法であるか否か、つまり、たんなる個人的な欲求や信念にすぎないのか、それとも「人間」として従うべき絶対的な「義務」なのかを、論理的に考え、判断すること。これが、理性の役割となるわけです。

このことを、カントはこのような言い方で説明しています。

「汝《なんじ》の意志の格率《かくりつ》が、つねに同時に、普遍的立法の原理に妥当しうるように行為せよ」。

どうもカント哲学は、言い回しが妙に難解でややこしいのが困ったことですが、これもじつは、いっていることは単純なことなのです。

まず、「格率」とは、「意欲の主観的な原理」であるとされています。

つまり、私がどうしたいかという、私自身の個人的な信念のことです。

そして、それが「つねに同時に、普遍的立法の原理に妥当しうるように行為せよ」というわけです。

したがって、全体をかみ砕いて言い直せば、こうなります。

「君がこうしたいと欲している個人的な信念が、たんに君ひとりにとって正しいのではなく、いつでも、どこでも、誰にとっても正しいものであるかどうかを、よく考えて行為しなさい」。

では、そうであるか否かは、どう判断できるのでしょうか。彼はこう言います。

「その格率が普遍的立法となることを、汝がその格率を通じて同時に意欲することのできるような、そのような格率にのみ従って行為せよ」。

ほとんど笑ってしまうようなややこしさですが、これも、かみ砕いていえば、こういうことです。

「君がこうしたいと欲している個人的な信念が、みんなもそうであってほしいと思えるような信念であるかどうか。それをよく考えて判断し、そうであると思えるならば、その信念に従いなさい」。

いや、もっと簡単にいってしまってもよいでしょう。

ひとことでいえば、これは結局、「みんながそれをやったらどうなるか」を考えてみなさい、ということなのです。

道徳の黄金律

たとえば、「俺はやられたらやり返す」という個人的な信念（格率）をもっている人もいるでしょう。

しかし、短絡的にその信念に従うのではなく、一度立ち止まって、「みんながそれをやったらどうなるか」を、よく考えてみなさい。そうカントはいっているわけです。

そうすると、終わりのない復讐の連鎖が生まれて、自分自身もその連鎖に巻き込まれてしまうという結果を、論理的な推論によって、容易に導くことができます。

だったら、それが「普遍的立法となることを同時に意欲」できないではないか。したがって、これは普遍的立法ではない。たんなる個人的な信念であり、主観的な欲求であるにすぎない、ということになるわけです。

かくして、結局、ここでカントがいっていることは、**「他人にそうであってほしいと思うことを、自分もしなさい」「他人にそうであってほしくないと思うことは、自分もしてはならない」**ということに尽きます。

そしてこれは、「人にしてもらいたいと思うことは何でも、あなたがたも人にしなさい」（『新約聖書』）、「己の欲せざるところ、他に施すことなかれ」（『論語』）など、世界のさまざまな宗教や思想のなかに、共通してみられる道徳の原理であり、一般に**「道徳の黄金律」**と呼ばれるものです。

カントの道徳哲学も、結局は、この「道徳の黄金律」に帰着します。

そのときどきの、個々の行為が、この「黄金律」にかなうものであるか否かを、慎重に吟味すること。結局は、それが理性による道徳的判断なのです。

「大人」であることは不可能な可能性

なんだ、いろいろ難しそうなことをいっているけれど、結局は子どもでもわかるような単純なことではないか。と、つい思ってしまいますが、そうではありません。

これはむしろ、子どもでもわかるどころか、大人でも難しいことです。

いや、厳密にいえば、これは不可能なことなのです。

なぜなら、まず第一に、何がたんなる個人的な欲求で、何が普遍的な道徳であるかなど、いくら考えたところで、絶対的には、わかるわけがありません。人間の理性は、あくまでも不完全なものでしかないからです。

人間にできることは、ただ、何が従うべき普遍的な道徳であるかを、どこまでも考え続け、それをそのつど、疑いながら信じ、信じながら疑い続けることだけなのです。

そして第二に、服従すべき道徳的命令を、理性が見いだしたとしても、いついかなるときも、完全にそれに服従することは、やはり不可能です。

なぜなら、**人間は生きているかぎり、つまり身体をもっているかぎり、つねに「心の傾き」**

に支配されているからです。

「心の傾き」から、人間が完全に「解放」されることはありえません。人間は、文字どおり死ぬまで、それに逆らい、道徳的命令に服従しようとする努力を、持続するしかないのです。

かくして、じつは、「大人」になるということは、人間にとって、つねに「課題」であり続けるのです。

どこかの時点で、「大人」として「完成」するのではありません。そうではなく、**つねに「大人」であろうとする努力を、死ぬまで持続すること。それができる人間が、正しい意味での「大人」である、**ということになるわけです。

しばしば、「近代」とは「未完のプロジェクト」であるといわれます。つねに「未完」の状態であるということは、けっして「完成」することはないということを明らかに自覚しながら、その不可能な可能性を、なお無限に追求し続けることを意味します。「人間」になるということ、「大人」になるということは、まさにそういう意味で、人間にとって「未完のプロジェクト」なのです。

そして、だからこそ、人間は「教育」を必要とします。たんに、「子ども」を「大人」にするための教育だけではありません。

それ以上に、人間は、生きているかぎり、「大人」であろうとする努力を、自分自身で、持続しなければなりません。

つまり、つねに自分で自分を教育し続けなければならないのです。

すでに第1章でも引いたように、「人間は教育によって、はじめて人間になることができる」とカントはいいました。

これは、言い換えれば、人間が「人間」であるためには、つねに自分自身を教育し続けなければならない、ということです。

それはたいへんなことですが、だからこそ、そこに人間に固有の「尊厳」がある。そうカントは考えたのでした。

これが、私たち近代の人間にとって、「教育」というものがもつ、もっとも本質的な意味なのです。

「人格」としての人間

ところで、本書の「はじめに」でもみたように、わが教育基本法は、その冒頭、第1章第1

条において、「教育の目的」は**「人格の完成」**であると、高らかに宣言しています。

では、「人格」とは何でしょうか。

じつに、これこそは、カントが「自由」で「自律的」で「道徳的」な人間を指した概念にほかなりません。

つまり、本章で述べてきた「大人」が、「人格」という概念の意味なのです。

「人格」の対義語は、あまり聞き慣れない言葉ですが、「物格」（物件）です。

つまり、**「人格」とは、人間がたんなる「物」ではないことを指し示す概念**なのです。

何度も述べてきたように、「物」には「自由」がありません。「物」は、たんに自然法則に支配された「不自由」な存在です。

したがって、そこには「自律」もなければ「道徳」もありません。「自由」と「自律」と「道徳」があるのは人間だけです。

そういう意味での「人間」を、カントは「人格」と呼んだのです。

人間は「人格」であり、また「人格」でなければならず、そして「人格」として扱われなければならない。

どれほどカントの道徳哲学を批判する人も、彼がこの「人格」という概念を打ち立てたことだけは、人類史上不朽の功績として、称賛してやみません。

また、近代の日本人が、たんにみずからの伝統たる武士道的精神と共鳴するもののみならず、感動をもって見いだした「人間の新しい可能性」も、まさにこの「人格」の概念だったにちがいありません。

カントはこういいます。

人間を「人格」として扱うということは、自分自身をも他人をも「たんなる手段としてではなく、つねに同時に目的として扱う」ということである、と。

これはどういうことでしょうか。

人間は「物」ではない

「物」は、それじたいが「目的」として扱われることはありません。「物」は、つねに、何らかの目的のために役立つ「手段」(道具)として、扱われます。そして、その点に、「利用価値」としての、「物」の存在理由があります。

たとえば、ハサミは、ものを切るという目的を達成するための「手段」(道具)として、存在しています。ハサミの存在そのものが目的であるのではありません。

そして、そうであるがゆえに、よく切れるハサミや扱いやすいハサミは、利用価値が高く、大事にされますが、錆《さ》びて切れなくなったハサミは、利用価値を失い、したがって存在理由を失って、捨てられ、別のハサミに取り替えられます。

では、人間はどうでしょうか。

たとえば、世の中には、自分の妻や恋人のことを、こんなふうにいう男がいます。

「俺の彼女はいい子だ。いつもご飯をつくってくれるし、部屋の掃除もしてくれる。だから俺はコイツと付きあっているんだ」。

さて、ではこの男は、自分の彼女を「目的」として扱っているでしょうか。それとも「手段」として扱っているでしょうか。

いうまでもないでしょう。この男は、彼女のことを「手段」として扱っています。

なぜでしょうか。

それは、この男がいっていることは、「俺のハサミはよく切れるいいハサミだ。だから俺はこのハサミを使っているんだ」ということと、まったく同じだからです。

つまり、この男は、彼女のことを「物」としてしかみていないのです。この男にとっては、自分の利益や快楽が「目的」で、彼女の存在は、そのための「手段」でしかありません。そして、その手段＝道具＝物としての「利用価値」だけで、彼女の存在の価値を測っているのです。

だからまた、当然、この男は、もっと安くて使い勝手がいいハサミ（彼女）が見つかれば、すぐにそちらのほうに乗り換えるでしょう。そして、昨日まで使っていたハサミ（彼女）は、もういらなくなって捨ててしまうでしょう。

人間を「手段」として扱うというのは、こういうことをいうのです。

多くの人が、女性をこんなふうに扱う男（または、男性をこんなふうに扱う女）をみれば、サイテーな男（女）だと思うのではないでしょうか。

カントがいっているのは、まさにそういうことなのです。

カントもまた、こんなやつはサイテーだといっているのです！

人間を「手段」として扱ってはならないということは、人間を「物」のように扱ってはならないということ、すなわち、道具としての利用価値だけで、その存在価値を測ってはならないということです。

人間は、何かの役に立つから生きていてもいい、何の役にも立たないなら生きている意味はない、などという存在ではないということ。

これが、人間が「人格」であるということの、もっとも根本的な意味なのです。

半分は「手段」であり、半分は「目的」である

ただし、もちろん人間も、一面では、自分自身をも他人をも、「手段」として扱わなければならないこともあります。

それは、自分や他人の身体を、道具として扱うことによって、労働し、生産し、経済を営んで、生命を維持するということです。

この点において、たしかに人間は、自分自身の利益を目的とし、そのための「手段」として、自分や他人の存在を扱わなければならないという面をもっています。これは、人間が身体的存在であるという一面をもっている以上、当然のことです。

カントも、このことを否定しているのではありません。

だから彼は、「たんなる手段としてではなく、つねに同時に目的として扱え」といっているのです。

人間は身体的存在である以上、「心の傾き」から完全に解放されることがないのと同様に、自分や他人を、利益や快楽のための「手段」として扱わなければならないという一面をもって

います。この点においては、人間もたんなる物（機械）であり、動物と同じです。

しかしながら、人間は同時に、そこから解放された「精神の自由」をもっています。

自由な精神としての人間は、何者にも支配されず、ただ理性の道徳的命令にのみ服従します。

だから、それはけっして「手段」として扱われることはありえないのです。

なぜなら、道徳とは、身体的な快楽や経済的な利益のための手段ではなく、それじたいが「目的」であるからです。

身体的・自然的存在としての人間は、「手段」であらざるをえません。

しかし、精神的・道徳的存在としての人間は、それじたいが「目的」です。

つまり、いわば人間は、**半分は「手段」であり、半分は「目的」である**、ということになるのです。

一面においては、自分や他人の身体を、利益のための手段として扱うことによって、経済を営んで生存を維持する。しかし、他面においては、つねに利益や快楽を求める身体の自然法則、すなわち心の傾きに逆らい、理性が命じる道徳法則に服従することによって、それじたいが目的である道徳を実現する。

これによって、はじめて人間は、たんなる物や動物ではない、人間としての「尊厳」を獲得することができるのです。

自分自身をも他人をも、そういう「尊厳」をもった存在として扱うこと。

これが、人間を「人格」として扱うということの意味なのです。

教育基本法に違反する教育改革

さて、もう一度いいますが、教育基本法に定められた「教育の目的」は、「人格の完成」です。

そして、「人格」とは、自由で自律的で道徳的な人間のことです。

もちろん、すでに述べたように、「人格」が「完成」することはありえません。むしろ、「人格の完成」とは、不可能な可能性として、無限に追求されるべき「未完のプロジェクト」であり、永遠の「課題」なのです。

したがって、教育の目的が「人格の完成」であるということは、まさに、けっして完成することのない「人格」という理想を、なお無限に追い求めること、それじたいが教育の目的である、ということにほかなりません。

つまり、それはこういうことです。

つい快楽を求めてしまう「心の傾き」に絶えず抵抗し、私が「やりたいこと」ではなく、人間として「やるべきこと」は何かを考え続けること。

その人間としての「義務」を、「ならぬことはならぬ」という断言的命令として、自分自身に与え、断固としてそれに服従しようとし続けること。

そういう人間を育て、かつ、そういう人間であり続けようとする努力を、無限に継続すること。

これらが「教育の目的」であると、わが教育基本法は、高らかに謳《うた》っているのです。

考えてみてください。

いったい、この教育基本法の、どこをどう読めば、「教育こそが経済成長戦略の要」などという教育改革の方針が出てくるというのでしょうか。

どこをどう解釈すれば、「英語を勉強して海外に出て行け。外需を奪ってこい」という英語教育政策や、「夢をもて。やりたいことをやれ。グローバルに活躍せよ」という道徳教育政策が、導かれるというのでしょうか。

わざわざ口にするのも虚しくなるほど、これらはまったく、**教育基本法に違反しています。**

いや、もっと本質的なことをいえば、べつに教育基本法など、どうでもよいのです。

ほんとうの問題は、これが私たちの、**受け継ぐべき日本の伝統にも、学ぶべき西洋の遺産にも、どちらにも違反している**ということなのです。

第4章のまとめ

◎「いいことしたら気持ちいい」は「道徳」ではない

◎欲望に逆らう「やせ我慢」こそ、人間の「尊厳」である

◎カノジョを「物」のように扱う男はサイテーである

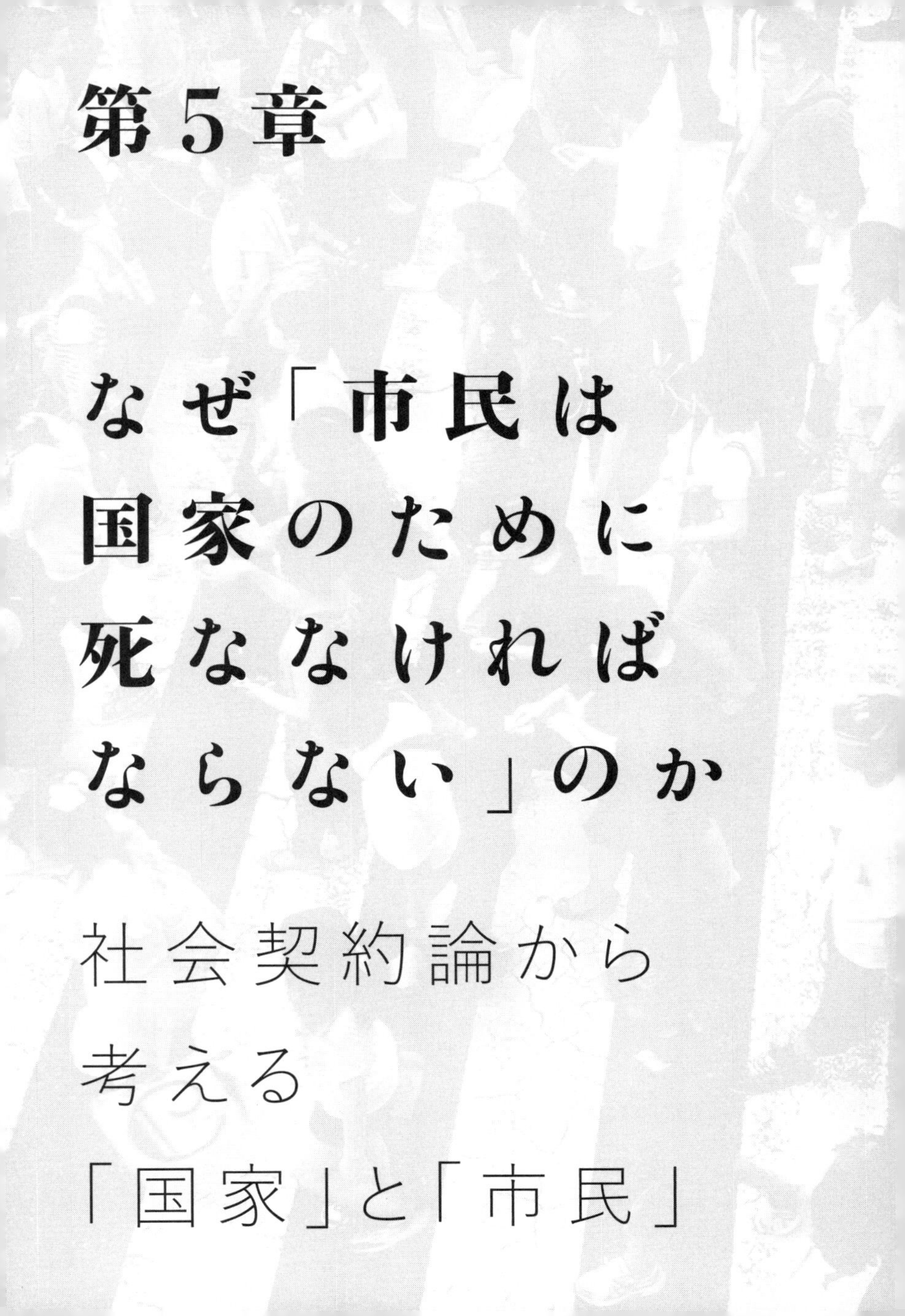

第5章

なぜ「市民は国家のために死ななければならない」のか

社会契約論から考える「国家」と「市民」

1　徴兵制は「左翼」の思想 ――「市民」概念の問い直しへ

「人間」であること、「市民」であること

ここまで、おもにデカルトとカントを手がかりに、「人間」として道徳について考えてきました。これはつまり、第1章でみた精神史的意味での近代の「道徳」です。

ここからは、それに続いて、政治史的意味での近代の「道徳」、つまり「市民」としての道徳について考えていくことにしましょう。

とはいえ、じつは両者は、ほとんど同じといえば同じです。

じっさい、古代ギリシアにおいて、「人間」とはすなわち「市民」を指しました。ポリスには「市民」と「奴隷」がいたということは、これまでも再三強調してきたポイントですが、そこでは、「人間」という概念のなかに、「奴隷」は含まれなかったのです。

「人間」であることの本質は「自由」であることである。

これは、カントを待つまでもなく、古代以来の西洋の伝統でした。

それに対して、奴隷には「自由」がありません。したがって、奴隷は「物」と同じであって「人間」ではない。そう考えられてきたのです。

これもすでに第1章でみたように、アリストテレスは、奴隷は「動く道具」であると表現していました。奴隷はまさに「生産手段」であり、いまでいう「機械」にほかならなかったわけです。

ということは、カントが、人間を「人格」として扱うということは、「手段としてではなく、目的として扱う」ということであると述べたとき、彼は要するに、人間を「奴隷」として扱ってはならない、人間は「市民」でなければならない、といったことにもなるわけです。

このことを、別の言い方をすれば、次のようにもいえます。

カントのいう「人間」とは、自由な存在であり、したがって、自然な欲望にも、いかなる他者にも服従せず、ただ自分自身の理性にのみ服従する存在でした。

それが「自律」です。

この自由で自律した人間が「市民」であり、その市民たちが、共同で社会を統治するのが、民主主義です。

したがって、民主主義の国家もまた、自由で自律した国家でなければならない、ということになります。

福沢諭吉が「一身独立して一国独立す」といったのも、また、福沢以上に熱烈な民主主義者であった中江兆民が、**民主主義の国は、まず何よりも「自治の国」であると**力説したのも、まさにこのことを指しているわけです。

また、したがって、人間が「人間」であるために、不断の「道徳教育」が必要であったように、**ある国が民主主義の国であるためには、不断の「市民教育」が必要になります**。これは結局、同じことを意味しているのです。

教育基本法の言葉でいえば、「人格の完成」をめざすということと、「平和で民主的な国家及び社会の形成者」を育成するということとは、結局は同じ内容を指し示しているのです。

「市民教育」の復興

民主主義の国において、「市民教育」の必要性がつねに叫ばれ続けてきたことには、このような哲学的な背景があります。

そしてその必要性は、こんにち、ますます強調される傾向にあります。

というのは、近年、西洋型のいわゆる先進諸国において、経済格差の拡大、移民の増加、文化の多様化、若い世代の政治的無関心等々、さまざまな理由から、「民主主義の危機」が叫ばれているからです。

民主主義という近代の理想を、もう一度、しっかりと立て直すために、きちんとした市民教育のあり方を考え直さなければならない、という動きが出てきているわけです。

たとえば、**イギリス（イングランド）では、2002年から、「シティズンシップ」という教科が、中学校で必修科目になりました。**

これは、日本でも著名なハロルド・ラスキやマイケル・オークショットに学んだ政治哲学者、バーナード・クリックが強く提唱したもので、そのおもな目的と内容は、「社会的、道徳的責任」「地域との関わり」「政治的な事柄についての基本的な理解と能力」の3つであるとされています（詳細については、バーナード・クリック『シティズンシップ教育論――政治哲学と市民』法政大学出版局、2011年などを参照）。

日本でも、東京都品川区が、独自の試みとして、2006年度から「市民科」という新領域を、小中学校に導入しています。これは、「道徳」「特別活動」「総合的な学習」の3つの領域を統合・再編したもので、児童・生徒の「人間らしい生き方」や「人格形成」を促すと同時に、「社会の形成者」という意味での「市民」を育成するということを、目標として掲げています（品川区教育委員会編『品川区小中一貫教育要領』講談社、2005年）。

その他、横浜市の「市民・創造科」（「総合的な学習の時間」の再編、２００９年度より実施）、お茶の水女子大学附属小学校の「市民」（「社会科」の読み替え、２００８年度より実施）など、同様の取り組みが増えてきています。

このように、欧米においても日本においても、「道徳教育」と「市民教育」とを、一体のものとしてとらえ、実践しようとする傾向が、とくに近年、めだってきています。

とはいえ、その内実は、まだまだ今後の課題といえそうです。

クリックは、**「市民」とは、ギリシアの都市国家とローマの共和国に由来し、ルネサンスを経て近代国家建設へと受け継がれた、西洋思想の「伝統」である**ことを強調しています。

そのとおりでしょう。だから、大事なことは、まずはその西洋の伝統を、私たちも、いま一度、学び直すこと。そして、そのうえで、それを日本の伝統のなかに、どのように内面化していくことができるのかを、考えることではないでしょうか。

「国のために死ぬ」は左翼の思想

さて、本章および以下の章もまた、このような背景のもとに、「市民」としての「道徳」とは何かを考えようとしています。

しかし、本章のタイトル「なぜ『市民は国家のために死ななければならない』のか」には、たちまち強い拒否感や嫌悪感を抱かれるかもしれません。とんでもない右翼だ、子どもたちに「お国のために死ね」と教え込んだ戦前に戻れというのか、と。

しかし、そうではないのです。

第一に、これは私がいっていることではありません。戦後日本の社会科学研究において「近代民主主義の理論的完成者」といわれ、中学・高校の教科書にもそう書かれている、あの**ジャン＝ジャック・ルソーが、『社会契約論』に、はっきりとそう書いている**のです。

第二に、したがって、というべきですが、これは「**右翼」の思想ではありません。本来、「左翼」の思想であり、またそうであるべき**なのです。つまり、これは本来、典型的な啓蒙主義の思想なのです。

たとえば、第3章でも少し引きあいに出したフランスの思想家、レジス・ドゥブレは、こういっています。

「死を前にした平等抜きの、法のもとでの市民の平等などにいったいどんな価値があるというのか」。

つまり、「市民」が「法のもとに平等」であるのは、本来、「市民」は「国防の義務」を平等に担っており、それゆえに、いつ誰が「国のために死ぬ」かは、わからないという、根源的な平等性があるからである。そう彼はいっているのです。

だから彼は、本来の民主主義（彼は「共和主義」という言い方をしますが、その点については、本書第7章を参照）の国においては、「ネーション（国民）が軍隊のなかにあり、かつまた軍隊がネーションのなかにある」、したがって、それは「徴兵にもとづく軍隊を推奨する」とまで断言しています（ドゥブレ前掲「あなたはデモクラットか、それとも共和主義者か」）。

なんという軍国主義者か、と思うでしょうか。

ところが、このドゥブレという人は、キューバ革命（1959年にキューバで起こった社会主義革命）に賛同し、その後、あのチェ・ゲバラとともに南米でのゲリラ戦を戦った、自他ともに認める「極左」の知識人なのです。

彼だけではありません。フランスでは1997年に徴兵制が廃止されましたが、そのとき、それを民主主義の根幹を掘り崩すものであると、強く批判したのは、やはり「左翼」の政治家や知識人たちだったのです。

これはいったい、どういうことなのでしょうか。

本章以下で考えてみたいのは、このことです。

つまり、ちょうど、私たちがなんとなく思い込んでいる「自由」の概念に、じつは大きな思い違いがあったのと同じように、「民主主義」や「市民」の概念にも、ひょっとしたら、何かたいへんな思い違いがあるのではないか。私たちは、「市民」であるということの大事な一面を、見落としてしまっているのではないか。まずはそれを考えてみなければならないのではないか、ということです。

したがって、念のために断っておきますが、**私はかならずしも、これからの学校の「道徳科」や「市民科」の授業では、「市民は国家のために死ななければならない」と子どもたちに教えなければならない、などといいたいのではありません。**

その前に、まずそもそも「市民」とは何であるかを、いつのまにか無条件に「市民」であるとされている私たち「大人」が、あらためて考え、自覚的になるべきではないかということです。

そのために、ほかならぬ「近代民主主義の理論的完成者」とされているルソーが、「市民は国家のために死ななければならない」と断言していることの意味を、まずは問い直してみなければなりません。本章のタイトルが意図しているのは、そういうことです。

2 「近代国家」の論理 —— ホッブズの『リヴァイアサン』

「社会契約」という考え方の登場

「市民」とは何か。

おもしろいことに、ちょうどデカルトが「人間」とは何かを根本的に問い直そうとしていた17世紀中頃、同じように、「市民」とは何かを根本的に問い直そうとする思想が登場しました。

それが、イギリスの哲学者、**トマス・ホッブズ**が発表した著書『**リヴァイアサン**』です。

デカルトが、思想的にも政治的にも混迷を極め、何もかもが疑わしいという、当時の社会の深い不安のなかから、もう一度「確実なもの」を再発見しようと試みたことは、第3章でもふれたとおりです。

ホッブズもまた、このデカルトの試みから大きな影響を受けながら、やはり同じように、「確実なもの」とは何かを、もう一度、根本から考え直してみようとしました。

そしてそのさい、彼が探究したのは、平和と秩序でした。

『リヴァイアサン』が発表されたのは、デカルトの『方法序説』(1637年)から十数年後、1651年です。

この時期のイギリスといえば、1640年代を通じての、いわゆる「ピューリタン(清教徒)革命」が思い浮かびます。

これは、さまざまな宗教的信念(カトリック、イギリス国教会、ピューリタンなど)と政治的立場(国王派、議会派、アイルランド、スコットランドなど)が入り乱れ、各地で反乱と内戦が繰り広げられた、まさに血みどろの争いでした。

このような状況のなかで、ホッブズは、どうすれば社会に確実な平和と秩序がもたらされ、それを維持することができるかを、論理的に考え抜こうとしたわけです。

重要なことは、「論理的に」ということです。

つまり、たんにいままでこうだったからという、なんとなくの経験や慣習に基づくのではなく、理性に基づいて、論理的に、人間に平和と秩序をもたらすためには、国家や社会はどのようなものであるべきかを、考えたわけです。

ここから生まれたのが、「**社会契約**」という考え方でした。

そしてこれが、「**近代国家」のはじまり**です。

つまり、「国家」というものを、ただなんとなくそこにあるものと考えるのではなく、人間が、社会の平和と秩序のために、理性に基づいて、意図的・作為的に、創設し、維持すべきものと考える。

これが「近代国家」の思想であり、その基礎となるのが、「社会契約」という考え方なのです。

社会契約によって人間は「市民」になる

では、その「社会契約」とは何でしょうか。

文字どおり、それは「社会の約束」です。そして、「社会」とは「人びとの集合」といった意味ですから、「社会契約」とは、人びとが集合して、ある約束をした、という考え方を意味します。

では、その約束とは何かといえば、それが「国家」の創設なのです。

つまり、**「社会契約論」とは、「国家」とは、人びとの理性的な約束によって、意図的に建設されたものである、という考え方**です。

もう少し正確にいえば、そう考えるべきである、という考え方です。

繰り返しますが、これは「考え方」です。

現実には、人びとが何らかの約束をして国家をつくった、などという歴史的な事実があるわけでありません。ましてや、私たち自身が、そんな約束をした覚えなど、ありません。

けれども、国家とはそういうものであると「考える」のです。あるいは、国家というものを、そういうものとして「見なす」のです。

このことは重要な意味をもっています。

というのは、まず第一に、このことによって、この社会契約論という思想は、いわゆる「市民革命」の理論的な根拠になりました。

なぜなら、社会契約論とは、まず先に、論理の問題として、「国家とは、こういうものであるべきである」と考え、ついで、その論理に基づいて、現実に存在する国家を、そういうものにつくり変えていこうとする思想だからです。

これはいわば、**国家のつくり直しの思想**なのです。

だからこそ、「市民革命」は、すでに存在した歴史的な国家を、社会契約という約束によって成り立つ国家へと、つくり直したわけです。これが「近代国家」の誕生でした。

第二に、より重要なことは、それゆえに、**近代国家に生まれ落ちた私たちは、この社会契約という約束をしたものと見なされる**ことになります。私はそんな約束などした覚えはない、というわけにはいきませんし、残念ながら、そんな約束などしたくない、というわけにもいかないのです。

すぐあとで説明しますが、社会契約論においては、社会契約という、ある特定の約束をした人間が「市民」と呼ばれます。

社会契約によって、人間は「市民」になるのです。

これは重要なことです。

私たちは、日本という近代国家に生まれ落ちたがゆえに、成人したら、ほとんど自動的に「市民」と呼ばれるようになります。

けれども、本来、「市民」とは、けっして自動的になるものではないのです。

ただそこに生まれて生きていれば、誰もが自動的に「市民」であるのではなく、すべての人が、みずからの意志によって、「市民」になるための約束を、いわばたえず更新し続けなければなりません。

近代国家が「教育」を必要とするのは、そのゆえなのです。

「市民」であるために、私たちはどのような約束をしなければならないのか（したと見なされるのか）。

それを、学校は教え、私たちは学ばなければなりません。それが「市民教育」の、まず第一歩なのです。

「自然状態」から「社会状態」へ

では、その約束とは、どのような約束でしょうか。順を追ってみていくことにしましょう。

順を追って、というのは、ふつう、社会契約論という思想は、まずホッブズが提唱し、ついでイギリスのジョン・ロックがそれに修正を加え、そして最後に、フランスのジャン＝ジャック・ルソーが理論的に完成させた、と考えられています。そこで本章でも、その順に考えていきましょう、ということです。

まず、ホッブズは、社会契約とは次のような約束だと考えました。

国家も社会もなく、人間が自然のままに生きている状態を考えてみよう。

ホッブズはこれを「**自然状態**」と呼び、まずそこから出発します。

すると、この自然状態においては、人はそれぞれ、自分の生命を維持するために、ありとあらゆることをするでしょう。自分が生き延びるためならば、盗みもするし、殺しもします。誰も、何も、それを禁止することはできません。

つまり、それは人間が自然状態において、もともともっている権利です。

これを「**自然権**」といいます。

しかしながら、そうすると、この自然状態においては、人びとが無制限な自然権をお互いに行使しあい、はてしなく奪いあい、殺しあう状態が続いてしまうと考えられます。

これをホッブズは「万人の万人に対する闘争」と呼びました。

おそらく、これはちょうど、先ほどふれた、ホッブズ自身が生きた時代の、血みどろの闘争を念頭に置いた議論だったのでしょう。このような、はてしない闘争状態を終わらせ、平和と秩序をつくり出すためには、どうすればよいのか。これが、社会契約という思想の出発点だったのです。

そこで、ホッブズはこう考えました。

このはてしない闘争を終わらせるためには、人びとは共同で、1つの約束をするしかない。

それは、すべての人が、**もともともっている自然権を、いったん放棄する**、という約束です。いったん放棄して、それを、自分たち以外の誰かに、全面的に譲り渡すのです。

はてしなく続く闘争を終わらせるためには、それがもっとも合理的な選択であるという結論に、人びとは、いわば最後の理性を振り絞って、到達するはずだ。そうホッブズは考えました。

この約束が、社会契約です。

人びとはまず、もともと自然状態においてもっていた自然権を、一度、自分たち以外の誰かに、全面的に譲り渡す。

そして、その「誰か」が、譲り渡されたいっさいの権力を、独占的に行使することによって、人びとの生命と財産を保護する。

人びとは、その「誰か」に、全面的に服従すると同時に、それによって、自分たちの生命と財産を保護してもらう。

こういう約束です。

そしてホッブズは、この「誰か」のことを、**「主権者」**と呼びました。

「主権」とは、何ものにも支配されない、無制限で最高の権力、といった意味です。

この「主権者」が国家をつくり、人びとは、この主権者＝国家に服従し、保護してもらう**「臣民」**となります。

要するに、人間は、誰もが自分の力で自分の生命と財産を守ろうとするから、はてしなく争いあう状態が続くのである。だから、その「力」をいったん放棄して、自分たち以外の誰かに譲り渡して、その誰かに守ってもらうようにすれば、自分たちはお互いに力を行使しあって争いあうことはなくなる。そういう約束をすれば、平和と安全と秩序が保障される。

国家とは、そういう考え方と約束に基づいて、つくられたものであると、考えなければならない。これが、ホッブズの社会契約論です。

かくして、人びとは、誰もがもともっている自然権を行使しあって争いあう「自然状態」から、それを主権者である国家に譲り渡し、その国家によって平和と安全を守ってもらう状態に移行する。

これをホッブズは「**社会状態**」（または「市民状態」）と呼びました。

国家がない「自然状態」から、国家が誕生した「社会状態」への移行。

これが、社会契約論という思想の、基本的な考え方になります。

3　「近代的市民」の誕生 ―― ホッブズからロックへ

平和な「市民社会」の誕生

さて、ホッブズは、その社会状態において、国家によって平和と安全を保障されるようになった人びとの集まりのことを「市民社会」と呼びました。

「国家」の誕生は、同時に「市民社会」の誕生でもあります。

国家によって保護される、平和な人びとの集まり。それが「市民社会」です。

なお、教育基本法の第1条にある「国家及び社会の形成者」のような、「国家」と「社会」の区別は、これを指しています。

つまり、**「社会」とは、社会契約に基づいて、お互いに平和的に暮らす人びと（市民）の集まりのことであり、「国家」とは、その社会（市民社会）を保護する権力機構のことを指す**わけです。

かくして、もともとの国家も社会ももたない「自然人」は、社会契約によって、「市民」になります。

もともともっていた自然権を、いったん放棄して、主権者に譲り渡すという約束をした人間。それが、ホッブズのいう「市民」です。

考えてみれば、たしかに私たちは、明確に自分の意思でそんな約束をした覚えはありませんが、事実上、そういう約束をしたものと見なされていることがわかります。

たとえば、警察の存在を考えてみれば、わかりやすいでしょう。

警察は、市民社会の平和と安全を守るために、権力や暴力を独占的に行使しています。警察だけが、それを「正当に」行使することを認められているのです。

自然状態であれば、私たちは、自分の生命と財産を守るために、みずから武装して力を行使します。けれども、市民社会において、それは許されません。なぜなら、私たちは、その力を、いったん放棄して、国家に譲り渡したものと見なされているからです。

国家は、私たちから譲り渡されたその力を、警察権力として、独占的に行使することによって、私たち市民の平和と安全を守っているのです。

私たちは、その国家の独占的な権力に服従することによって、自分たち自身は争いあわないという、市民社会の平和を保障されているわけです。

「市民」概念の逆転

さて、しかし、これが「市民」である、といわれると、ここまで本書を通読してこられた読者は、はてな、と思うのではないでしょうか。

というのは、これまで何度も強調してきたように、もともと、古代ギリシアにおける「市民」とは、みずから政治に参加し、国家を担う人間でした。さらには、みずから武装し、もっとも政治的な事柄である軍事をも、積極的に担うべき存在でした。

ところが、ホッブズのいう「市民」は、それとは正反対です。

自分たちは武装解除して、自分たち以外の誰かがつくる国家に服従することによって、生命と財産を守ってもらうのが、ホッブズのいう「市民」なのです。

だから、ホッブズのいう「市民」は、みずから国家の政治に参加する必要もなければ、ましてや、武器をとって自分たちを防衛する必要もありません。

主権者が政治を行ない、市民社会を防衛してくれるのですから。

そうすると、ここでいう「市民」とは、むしろ古代でいう「奴隷」に近いのではないでしょうか。

じつは、まさにそのとおりなのです。

つまり、**ホッブズは、「市民」という概念の伝統的な意味を、大胆に逆転させた**のです。

「奴隷」とは、政治に参加する権利と義務をもたず、もっぱら生産労働と経済活動に従事する存在でした。

ホッブズのいう「市民」もまた、みずから政治に参加する権利も義務も負いません。

そして、主権者がつくる国家に守られながら、自分たちは、もっぱら自分の私的な利益を追求することができるのです。

国家に服従し、主権者がつくる法に違反しないかぎりにおいて、自分のやりたいことを何でもやってよいという、私的・消極的自由（本書第3章、参照）を認められ、もっぱら経済活動と自己利益の追求に従事することができるのです。

これが、いわゆる**「近代的市民」**の誕生です。

つまり、**ひとくちに「市民」といっても、じつは、古代と近代とでは、その意味がほとんど正反対**なのです。

このことが、私たちの「市民」概念の理解をひどく混乱させていると、私は思うのですが、その点については、のちほどあらためて考えることとして、ここではもう少し、この「近代的市民」の概念を、詳しくみてみることにしましょう。

ホッブズからロックへ

ホッブズの社会契約論は、文字どおり革命的なものでした。しかし、ここには1つ、大きな問題が残されました。それはこういうことです。

ホッブズの考えによれば、人びとは、もともと自然権として行使することのできた権力や暴力を、すべて「主権者」である「国家」に譲り渡し、みずからは完全に武装解除することによって、平和的な「市民」となります。

そうすると、ここには、あまりにも力の不均衡があります。

「国家」は、あらゆる権力や暴力を独占するきわめて強力な存在となり、他方、「市民」は、それをいっさいもたない、まったく無力な存在となるのです。

ちなみに、ホッブズの著書のタイトルになっている「リヴァイアサン」とは、(日本では人気ゲーム「ファイナルファンタジー」シリーズに登場する怪獣として有名になっていますが) もともとは『旧約聖書』に登場する海の怪物の名前です。

そしてこれは、どんな武器も通用しない「最強の生物」であるとされています。

ホッブズは、「国家」を、この「最強の生物」であるリヴァイアサンにたとえたのです。

リヴァイアサンである国家は、「人間に平和と防衛を保障する『地上の神』」である、と彼はいっています。

しかし、はたしてこのリヴァイアサンは、その圧倒的な力を、ほんとうに市民社会の平和を守るためだけに行使してくれるでしょうか。むしろ反対に、市民の私的な自由と平和な生活が、リヴァイアサンの圧倒的な暴力によって、脅かされることはないのでしょうか。

このような問題が生じてきます。

先ほどと同じ警察の例が、ここでもわかりやすいでしょう。警察はたしかに、理論上は、市民社会の平和と安全を守るためだけに、暴力を独占的に行使します。

しかし、現実にそうであるとはかぎりません。捜査と称してずかずかと家に踏み込まれたり、勝手にプライベートな電話やメールを傍受されたりといったことも考えられるでしょう。つまり、本来国家が守るべきものであるはずの、市民の私生活（プライバシー）が、むしろその国家によってこそ、脅かされる可能性もあるわけです。

すべての権力を国家に譲り渡した無力な市民は、これにどう抵抗すればよいのでしょうか。こういう問題です。

この問題に応答するかたちで、ホッブズの社会契約論に修正を加えたのが、**ロック**の『**統治二論**』（１６９０年）でした。

リヴァイアサンを縛るもの

ロックの解答は、わかりやすいものです。しかし、これはこれできわめて重要です（図5-1）。

図5-1　国家と市民社会の関係（ホッブズとロックの場合）

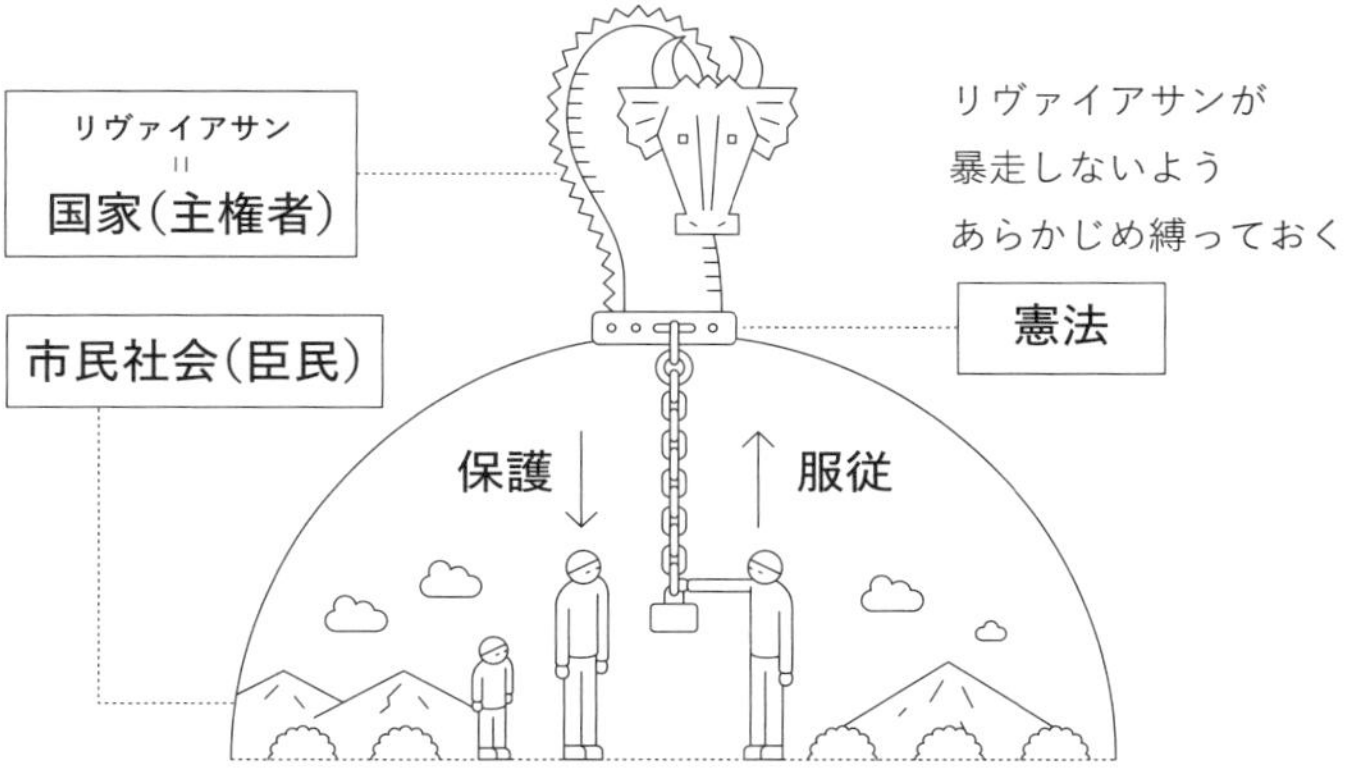

まず第一に、彼は、そもそも社会契約とは、市民社会の平和を守るためにこそ、もともともっていた自然権を国家に譲り渡すという約束なのだから、国家がその約束に違反した場合には、その国家は正統性を失う、と考えました。

したがって、その場合、市民は国家（政府）を変更することができる。

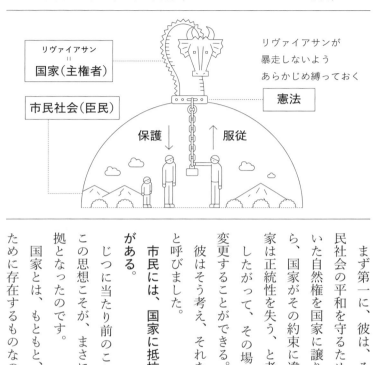

彼はそう考え、それを市民の「**抵抗権**（革命権）」と呼びました。

市民には、国家に抵抗し、政府を変更する権利がある。

じつに当たり前のことのように思われますが、この思想こそが、まさに「市民革命」の理論的根拠となったのです。

国家とは、もともと、市民の生命と財産を守るために存在するものなのに、いまの政府は、その約束を果たしていないではないか。だったら、市民には政府を変更する権利がある。

このような「国家」と「市民」についての考え方が、論理的に明確化されたことによって、はじめて人びとは、「市民」としての権利を行使して「革命」を起こし、当時の国家を打倒して、社会契約に基づく国家へと、つくり直したわけです。

そして第二に、この国家のつくり直しのさいに、きわめて重要な意味をもつことになったのが、**「憲法」**です。

なぜなら、まさにその社会契約の内容、つまり、「国家とは、市民の生命と財産を保護するためにのみ、権力を行使するものであるのであって、その契約に違反した場合には、国家はその正統性を失い、市民は政府を変更する権利を有する」という、国家と市民との契約の内容を、あらかじめ条文化して、契約そのもののなかに盛り込んでおかなければならない、という考え方が、ここに登場してくることになったからです。

それが「憲法」です。

つまり、憲法とは、国家が当初の市民との契約に違反して、権力を無制限に行使し、かえって市民の私的な生活を脅かすことがないよう、あらかじめ国家の権力に制限を加えるためのものなのです。

そういう意味での憲法（近代憲法）が、社会契約に基づく近代国家には、不可欠なものとなったのです。

繰り返しますが、**国家はリヴァイアサン、つまり絶大な権力を有する「最強の生物」であるがゆえに、それを制限するものがなければ、市民にとって、きわめて危険なものとなります。**

だから、**「リヴァイアサンを縛るもの」**として、近代国家に不可欠なものとなったのが「憲法」なのです。

かくして、憲法によって国家権力を制限し、市民の私的な自由と権利を保障すべきであるとする、**「立憲主義」**という考え方が登場することになったわけです。

「人権」とは何か

さらに第三に、その憲法によって保障されるべきものとして、ここであらためて、その重要性が強調されることになったのが、**「人権（基本的人権）」**という概念でした。

いったい、「人権」とは何でしょうか。

とくに戦後の日本では、「人権を守れ」「人権を尊重せよ」「人権侵害だ」「人権教育が大事だ」等々、この「人権」という概念がやたらに強調されてきました。

しかし、そもそも、そこでいう「人権」とは、いったい何を指しているのでしょうか。「人間が人間らしく生きる権利」とか「誰もが幸せに生きる権利」とかという説明が、一般に流通しています。

しかし、どうも日本では、この「人間らしく」とか「幸せに」とかという言葉が、妙にセンチメンタルに受けとられているようです。

そのせいで、たとえば学校の道徳教育でも、「互いに思いやる心をもち、支えあい励ましあって、心豊かに生きていく」などといったことが、「人権教育」と称されて、広く一般に実践されています。

多少なりとも法学や政治学を学んだ人なら、苦笑を禁じえないところでしょう。どうして日本の教育や教育学は、こうなってしまうのでしょうか。

「人権」とは、「自然権」のことです。

つまり、自己の生命と財産を保護する権利、そして自己の私的な利益を追求する権利です。ただし、もちろん、人間が「自然状態」においてもっていた（とされる）、そのままの自然権――つまり、自己の生存のためにあらゆることを行なう権利――ではありません。

そうではなく、社会契約によって、いったんそれを放棄して、国家に譲り渡したうえで、その国家によって、あらためて与えられ、保障される、「社会状態」における市民の権利のことです。

要するに、**生命と財産を国家によって保護してもらう権利。そして、国家の法に反しないかぎりにおいて、自分がしたいことをする権利。それが「人権」です。**

「人間らしく」「幸せに」というのは、生存のための最低限の財産を保障されて、ある程度、やりたいことをやれる自由がある、ということです。

そして、**その権利を保障するのは、国家**なのです。

だからこそ、近代国家の憲法には、「人権の尊重」が明記されなければならないことになっているわけです。国家はそれを保護しなければならないと同時に、国家自身がそれを侵害してはならないということが、国家と市民の「契約内容」であるからです。

「人権」とは、そういうものです。

だから、それは近代における「市民」という概念の中核にある、きわめて重要なものであると同時に、たんにそれだけのものでもあります。「互いに支えあい、励ましあって……」などといった、いわゆる「心の教育」とは、何の関係もありません。

もう一度いいますが、国家によって生命と財産を保護してもらい、私的な利益を追求する権利。それが人権なのです。

また、したがって、重要なことは、人権とは、あくまでも国家によって保障される市民の権利である以上、それは――どぎつい表現に聞こえますが――**市民が国家に服従するかぎりにおいて、保障される権利でもある**、ということなのです。

4 「市民の国」へ――ルソーの結論

「近代的市民」の道徳

さて、まずはここまで、ホッブズとロックの社会契約論における、「市民」と「国家」の関係について考えてきました。これはこれで、まずはわかりやすい考え方でしょう。

要するに、国家とは、市民社会の平和と安全、つまり市民の生命と財産を保護するために存在するものであり、そのために強大な権力を独占的に所持しています。

そして市民は、この国家に服従することによって、自分たちの生命と財産を保護してもらい、平和で安全な生活を保障してもらいます。

しかしながら、それと同時に、市民は、国家が不当な権力の行使によって、かえって自分たちの生活を脅かすことがないかどうかを、つねに監視していなければなりません。そして、必要な場合には、国家に抵抗しなければなりません。

これがまず、国家と市民との、基本的な関係です。

つまり、私たちが「市民」であるということは、一方では、国家に服従すること、そしてそれによって、自分たち自身は争いあわず、平和な社会生活を営むことを意味すると同時に、他方では、つねに国家を監視すること、そして場合によっては抵抗することを、まずは意味することになるわけです。

このことを、もっと具体的にいえば、次のようになるでしょう。

法を守ることによって、秩序正しく、安全な生活を営むこと。

お互いに暴力を行使せず、平和に暮らすこと。

人権を尊重しあい、お互いのプライバシーを侵害しないこと。

自分や他人の人権やプライバシーが侵害された場合には、法に訴えて抵抗すること。

これらが、私たちが「市民」として守らなければならない「道徳」である、ということになります。

じっさい、小中学校の「道徳」で教えられている、「きまりを守りましょう」「暴力はいけません」「お互いを尊重しあって仲良くしましょう」等々といったことは、まさにこの意味での

「市民道徳」であるわけです。

残された問題——「主権者」とは誰なのか

しかし、「市民」という概念をこのように考えるだけでは、まだ全然不十分です。なぜなら、ここにはたちどころに、次のような疑問が浮かび上がってくるからです。

市民は国家に服従しつつ抵抗する、といいました。

では、その国家を担っているのは、誰なのでしょうか。

ホッブズは、人びと（自然人）は、社会契約によって、もともともっていた自然権を、自分たち以外の「誰か」に、全面的に譲り渡したのだといいました。

そして、その「誰か」が、「主権者」として国家をつくり、市民社会を統治して、その平和と安全を保障するのでした。

つまり、ここでは、**国家を担う者が「主権者」であり、市民は、その主権者の統治に服従する者です。**

だから、**市民は「臣民」でもある**わけです。

主権者がいわば「主君」であり、市民は、それに服従する「臣下」なのです。臣下として、主君の統治に服従することによって、自分たちの平和と安全を保障してもらうのです。

そして、主君がそのために定めた法に反しないかぎりで、自由にやりたいことをやり、自分の利益を追求することができるわけです。

したがって、ホッブズの社会契約論は、事実上、中世の王制または封建制の成り立ちを説明するものでした。

ホッブズのいう「主権者」とは、事実上、「王」または「王と諸侯たち」なのです（ちなみに、ホッブズ自身は、つねに「一人の人間または合議体」という言い方をしています）。いずれにせよ、統治する主権者（主君）と、統治される市民（臣民）とは、別の存在であり、市民が主権者として国家を担い、社会の統治に参加することはないのです。

しかしながら、ロックの抵抗権の論理などに導かれて、市民がその王制または封建制を打倒した（とされる）のが「市民革命」でした。

いうまでもなく、その典型はフランス革命です。

王は本来、市民の平和と安全を守り、私的な利益を追求する自由と権利を保障すべき存在なのに、その約束を果たしていないではないか。だったら、そんな王が統治する国家に正統性はない。市民には政府を変更する権利があるのだ。というわけで、市民たちは革命を起こし、王と貴族たちを処刑・追放して、王制を終わらせたのでした。

ここに誕生したのが、**「共和国」**です。

つまり、市民たちが、王や貴族に統治される（してもらう）のではなく、**自分たち自身で自分たちを統治する「市民の国」**です。

いうまでもなく、これが同時に、近代民主主義の誕生でもあります。

そうすると、これはいささか厄介なことになります。

ここには、王や貴族が「統治する者」としての「主権者」で、市民は「統治される者」としての「臣民」である、などという区別はありません。

市民たちが、市民たち自身を統治するのですから、**市民とは、一方では「主権者」であり、他方では「臣民」でもある、**ということになります。

一人の市民のなかに、「主権者」と「臣民」とが、同居してしまうのです。

これはいったい、どういう理屈なのでしょうか。

もう一度いいますが、社会契約とは、人びと（自然人）が、もともと自然状態においてもっていた（とされる）自然権を、主権者に譲り渡すという約束でした。

ところが、その主権者が市民たち自身であるならば、人びとは、自分たちで自分たち自身に自然権を譲り渡す、ということになるでしょう。

これはいったい、何を意味しているのでしょうか。

この意味不明な問題を、理論的に解き明かしたのが、ルソーでした。

だから、ルソーこそは、社会契約論の完成者であると同時に、共和国（市民の国）とはどのような国であるのかを、論理的に説明した、近代民主主義の完成者であるとされているわけです。

ルソーを抜きにして、市民とは何か、そして民主主義とは何かを理解することは、とうていできません。ルソーこそは、（よかれあしかれ）それに決定的な解答を与えたのです。

その解答とは、どのようなものだったのか。それをみてみることにしましょう。

「一般意志」と「個別意志」

ルソーの論理において、決定的な鍵となるのは、「**一般意志**」という概念です。

彼はこういいます。

人間には2つの意志がある。それは「一般意志」と「個別意志」である。

これらはおのおの、「普遍意志」と「特殊意志」と訳すこともできます。普遍的・一般的なものをめざす意志と、特殊的・個別的なものをめざす意志との2つが、あらゆる人間には備わっている。まず、このようにルソーは考えます。

簡単にいえば、**「一般意志」とは、自分のことだけではなく、すべての人のことを考え、そのために行動しようとする意志**です。

他方、「個別意志」とは、自分のことだけを考えて、そのために行動しようとする意志です。

つまり、「公的（パブリック）」な利益を追求するのが「一般意志」、「私的（プライベート）」な利益を追求するのが「個別意志」です。

「一般意志は、つねに公共の利益のみを志向する」とルソーはいっています。

そうすると、この「一般意志」は、まさに一般意志であるがゆえに、つまり、自分の関心であると同時にすべての人の関心でもある事柄だけを志向するがゆえに、すべての人が共有している共通のものである、ということになります。

これはちょうど、デカルトやカントなど、啓蒙主義の哲学者たちが、人間の「普遍的理性」についていったことと、よく似ています。

彼らは、「理性」は、すべての人間に共有されている、共通のものであるのだから、それはすべての人にとって正しい知識を、つねに導くことができるのだ、と考えました。

ルソーもまた、「一般意志」は、すべての人間に共有されている、共通のものであるのだから、それはすべての人にとって正しい政治的意思決定を、つねに導くことができるのだ、と考えたわけです。

じっさいルソーは、「一般意志はつねに正しい」とまでいっています。

「一般意志は、つねに公共の利益のみを志向する」のですから、その一般意志が考えたことは、つねに全員にとって正しいものである、ということになるわけです。

国家とは一般意志の集合体である

もちろん、そんな「一般意志」などというものが、ほんとうに存在するのか、と問いたくなるかもしれません。人間は誰でも、自分の利益や幸福にしか関心がないのであって、すべての人の利益や幸福を考える意志が、すべての人に備わっているなど、なんとも楽天的で理想的なことをいっているように聞こえるかもしれません。

しかし、そういう問題ではないのです。

「一般意志」などというものが、ほんとうに存在するかどうかなど、誰にもわかりません。

しかし、**それが存在すると仮定しなければ、共和国、つまり社会契約に基づく民主主義の国**

家は成り立たないのです。

それはちょうど、「普遍的理性」が存在すると仮定しなければ、科学も道徳も成り立たないのと同じです（本書第2章、参照）。

理性の存在を信じることによって、はじめてその理性に基づく近代の科学や道徳が可能であるのと同じように、一般意志の存在を信じることによって、はじめてその一般意志に基づく近代の民主主義が可能となるのです。

理性と一般意志とは、「近代」が成り立つためには、どうしても必要不可欠な、一種の信仰ともいえるような、共通の信念なのです。

だから――これも、あえてどぎつい言い方をすれば――、それをすべての人に「植えつける」ために、「学校」という教育制度が必要になるのです。

さて、ルソーに戻りましょう。

わかりやすくいえば、**社会契約とは、人びとが、みずからの一般意志だけをもち寄って結合し、ひとつの共同体をつくるという約束である**、とルソーは考えるのです（図5－2）。

この共同体が「国家」であり、同時に、それが「主権者」です。

このことじたいは、さほど難しい話ではないでしょう。

ホッブズのいう国家とは、人びとがもともと自然状態においてもっていた、すべての力を譲

図5-2　国家と市民社会の関係(ルソーの場合)

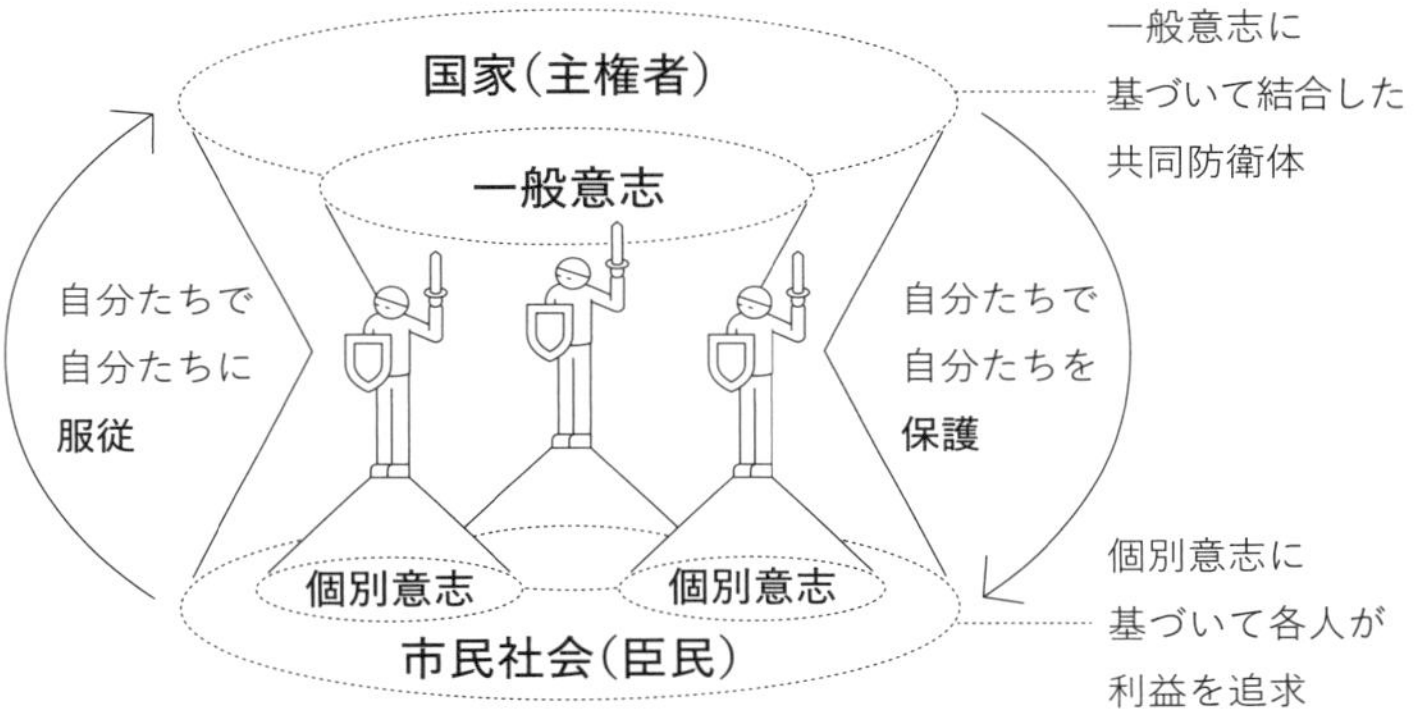

り渡された存在でした。そして、そうであるがゆえに、国家はその圧倒的な力、すなわち主権を行使して、市民社会の平和と安全、すなわち「公共の利益」を保護するものであるとされていました。

ルソーも、基本的には同じことをいっているのです。

ただし、ホッブズの場合、その国家の主権をじっさいに行使するのは、王や貴族といった、市民たち以外の支配階級でした。

しかし、ルソーは、国家の主権を行使するのは、ほかならぬ市民たち自身だというのです。

要するに、こういうことです。

自然状態においては、人びとは、自分一人の力だけで、自分の生命・財産を守らなければなりません。これではあまりにも脆弱《ぜいじゃく》であり、人びとは誰もが、つねに危険にさらされます。

そこで人びとは、各人がもっている力を集合させて、その強力な力によって、自分たちの平和と安全を、共同で保護しようと約束した。

それが社会契約であり、それが国家の誕生である、というわけです。

かくして、ひとことでいえば、**国家とは、市民たちの共同防衛体である、**ということになります。

もっと簡単にいってしまえば、人は誰しも、自分一人の弱い力だけでは、災害や外敵など、さまざまな危険から身を守って生存を維持していくことはできないから、みんなで寄り集まって力をあわせ、みんなでみんなの安全を守ろう。

そういう約束でつくられたのが、国家という共同体である、ということです。

市民は国家のために死ななければならない!?

単純な話といえば、じつに単純な話です。

しかし、トンデモない話といえば、これはじつは、かなりトンデモない話でもあるのです。

なぜなら、これが社会契約であるということは、すなわち、**すべての市民は、すべからく国**

家防衛の義務を負う、ということになるからです。

いや、「義務を負う」などという言い方さえも、厳密には正確ではないかもしれません。

ここでは、「自己自身を防衛する」ということは、すなわち「国家を防衛する」ということであり、後者を離れて前者はもはやありえない、ということになるのです。

なぜでしょうか。

それは、ここではもはや、国家とは市民たち自身のことにほかならないからです。

市民を、外側から統治するのが、国家ではないのです。

そうではなく、むしろ、国家を、内側から構成するのが、市民なのです。

なぜなら、国家の内実は、市民たち自身の一般意志にほかならないのですから。

一般意志をもち寄って「国家をつくる」ということが、すなわち「市民になる」ということを意味します。だから、国家と市民とは、一体にして不可分なのです。

「主権とは一般意志の行使にほかならない」とルソーはいいます。

国家の主権は、市民たち自身の力の集合体であり、それを行使する国家（統治者）の意志は、市民たち自身の意志なのです。

したがって、とルソーはいいます。

法が市民に生命を危険にさらすことを求めるとき、市民はその危険についてあれこれ判断することはできない。だから**統治者が市民に、「汝《なんじ》は国家のために死なねばならぬ」と言うときには、市民は死ななければならないのである。**なぜならこのことを条件としてのみ、市民はそれまで安全に生きてこられたからである。市民の生命はたんに自然の恵みであるだけではなく、国家からの条件つきの贈物だったからである。

（『社会契約論／ジュネーヴ草稿』中山元訳、光文社古典新訳文庫、２００８年）

これが、ホッブズからはじまる社会契約論、すなわち「近代国家とは何か」という問いに対する、結論なのです。

国家とは、市民たちの平和と安全を保障するために、「主権」という絶大な権力を行使する存在でした。

その主権を行使する主体が「主権者」です。

主権者が王であれば、市民を守るために「危険に身をさらす」ことを求められるのは、王と王の軍隊だけです。市民は王に守ってもらうべき存在であり、そういう約束で、王に主権を預けたのです。

しかし、主権者が市民たち自身であるのであれば、当然、市民たち自身が、共同で、その義務を負わなければなりません。

だから、すべての市民が、平等に、国家すなわち自分たち自身を防衛する義務を負い、そのために「危険に身をさらす」ことを求められる。

ルソーがいっているのは、ただそれだけのことであるともいえます。

とはいえ、これはやはり、たいへんなことです。そうそう安易に、「それだけのこと」と片づけられることではないでしょう。

そこで、次章では引き続き、このルソーの論理について、もう少し詳しく考えてみることにしましょう。

第5章のまとめ

◎ルソーのいう国家とは、市民たちの共同防衛体である
◎ルソーのいう国家と市民は、一体にして不可分である
◎ルソーの『社会契約論』は、けっこうエグイ思想である

第6章

なぜ「誰もが市民でもあり、奴隷でもある」のか

ルソーから考える「市民」の徳

1　ルソーの不在

ホッブズと戦後日本

ホッブズは、国家とは、「最強の生物」であるリヴァイアサンのようなものだといいました。誰も何も太刀打ちできない絶大な力、すなわち「主権」によって、人びとの平和と安全を保障するのが国家です。

人びとは、このリヴァイアサンに、生命と財産を保護してもらうことによって、それぞれにやりたいことをやり、生きたいように生きられる自由を謳歌《おうか》し、誰に文句をいわれるわけでもなく、自分の利益と幸福だけを追求して生きることができるわけです。

そして、そういう人びとが、近代において「市民」と呼ばれるのでした。

さて、そうすると、なるほどたしかに、私たち戦後の日本人は、みごとなまでに「市民」です。

私たちはべつに、みずから武装して、自分の力で自分の身を守る必要はありません。

国家が守ってくれるからです。

困ったことがあれば、警察を呼べばよいわけですし、災害があれば、自衛隊が助けてくれます。戦争になれば、アメリカが守ってくれるでしょう。

だから私たちは、その保護のもとで、自分の生活と自分の利益のことだけを考えて、生きることができているわけです。

これほどみごとなまでに、ホッブズの理想を体現した社会が、かつてあったのでしょうか。日本には軍隊がありません。国民は国防の義務も負っていません。

戦後の日本は、まさに、自分たちは完全に武装解除して、いっさいの武力を放棄し、自分たちは争いあわず平和に暮らすという、一種の社会契約をしたわけです。

そして、その約束のもとで、世界の人びとから「エコノミック・アニマル」とまで呼ばれるほど、ひたすら経済活動に専念してきたのです。

では、その私たちの「市民社会」を、圧倒的な力によって保護してくれているリヴァイアサンとは、誰なのでしょうか。

どう考えても、それはアメリカです。

私たちは戦後、自分たちは武装解除して、平和に暮らす代わりに、アメリカにその平和と安全を保障してもらうという約束をしたわけです。

だから、**戦後日本における実質的な「主権者」は、アメリカにほかならないのです！**

日本がアメリカに「服従」せざるをえないのは当然です。市民は、主権者に服従することによって、その平和と安全を保障してもらうのですから。

そうです。まさに文字どおり、「平和」と「安全」です。

つまり、日本国憲法の「平和主義」と、日米同盟による「安全保障」とは、不可分にして一対のものなのです。

いっさいの武力を放棄するということは、事実上、主権をアメリカに委ねるということです。そして、そのアメリカが、リヴァイアサンのごとくに日本の市民社会を防衛してくれるかぎりにおいて、日本は憲法9条の平和主義を貫くことができるわけです。

したがって、戦後日本において、9条を守れという護憲主義と平和主義を掲げてきた左派・進歩派と、日米同盟の維持・強化を何よりも優先してきた右派・保守派とは、いっけん対立を演じてきたかのようでありながら、じつは何も対立などしていなかったのです。

両者はむしろ、相互に依存しあってきたのです。

前者は、市民社会の平和を守れと訴え、後者は、それをリヴァイアサンであるアメリカに守ってもらえと訴えてきたのですから。

結局は、両者とも、同じことをいっていただけなのです。

ホッブズ派とロック派の改憲論争

ところで最近（2018年1月現在）、まさにその憲法の改正と安全保障の問題をめぐって、右派・保守派と左派・進歩派とが対立しているようです。

右派・保守派である（とされる）自民党の意図は明白です。

9条を改正し、集団的自衛権を認めることによって、より日米同盟を強化したいのです。

9条を改正して自衛隊を明記するということは、いっけん、自分たちの国は自分たちで守るという、ルソー的な「共和国」をめざしているかのようですが、少なくとも現状では、そうではありません。

「現状では」というのは、安全保障を日米同盟に依存しているかぎり、ということです。

そうであるかぎり、集団的自衛権を認めるということは、すなわちアメリカの戦争に日本が参加・協力できるようにする、ということでしかありません。そしてそれは、結局、そうしておかないと、いざというときにアメリカが守ってくれないから、という理由によります。

かくして、これは、ひとことでいえば、**リヴァイアサンであるアメリカに、もっと徹底的に**

服従しよう、という考え方なのです。

他方、これまでひたすら護憲を訴えてきた左派・進歩派から、その名も立憲民主党という、明確に「立憲主義」を掲げる勢力が登場してきたことは、なかなかおもしろい現象です。なぜなら、立憲主義とは、憲法によってリヴァイアサンを縛るべきだという思想なのですから。

つまり、もはや改憲は避けられないとみた野党は、それならせめて立憲主義的な改憲によって、とどまるところを知らない自民党の独裁に歯止めをかける方向へと、舵を切ろうとしているのでしょう。

たしかに、選挙での圧勝、つまり「国民の支持」を背景として、ほとんどやりたい放題の自民党（安倍首相）には、どこかリヴァイアサンを気どるようなところがあります。

俺は国民から主権を委ねられたリヴァイアサンだ。だから俺はなんでもできる。俺にまかせろ。俺が経済成長させてやる。強い日本を取り戻してやる。北朝鮮からも守ってやる。だから黙って俺に従え。そして少々の不正には目をつぶれ、というわけです。

これは明らかに国家権力の乱用・暴走ですから、いまこそ立憲主義を取り戻せという、野党の主張は当然です。

要するに、わかりやすくいえば、**強力な国家権力を行使しようとする、ホッブズ主義の自民**

党と、それを憲法によって縛ろうとする、ロック主義の立憲民主党とが、改憲をめぐって争っているわけです。

したがって、両者は、たしかに対立はしていますが、しかし、相容れないわけではありません。

前章でみたように、国家とは、権力の独占的行使によって、市民社会を保護するものであり、市民社会とは、その国家に服従することによって、平和と安全を保障してもらうと同時に、不当な権力行使には抵抗するものです。

この国家と市民社会との関係において、**国家の権力行使と、それに対する市民社会の服従の側面を強調するのが、ホッブズ主義**です。

他方、**国家の不当な権力行使と、それに対する市民社会の抵抗の側面を強調するのが、ロック主義**です。

だから、ホッブズ主義なくしてロック主義はありえませんし、また、ロック主義のないホッブズ主義は、危険きわまりないものです。

そういう意味で、両者はお互いに依存しあい、補いあう関係にあるわけです。

戦後日本に「国家」は存在しなかった

つまり、両者の対立（とみえるもの）のなかには、じつは、ほんとうの問題はないのです。

いくら憲法で権力を縛ったところで、どうなるものでもありません。

ほんとうの権力者、すなわち主権者であるリヴァイアサンは、事実上、日本の市民社会を防衛しているアメリカにほかならないのですから。

どうして、日本の憲法で、アメリカの権力を縛ることなどできるでしょうか。

自民党には、どこかリヴァイアサンを気どるようなところがある、といいましたが、いうまでもなく、あくまでも気どっているだけで、ほんとうのリヴァイアサンではありません。

ほんとうのリヴァイアサンはアメリカであり、自民党（と自衛隊）は、そのいわば「大リヴァイアサン」であるアメリカの子分として、日本の市民社会の統治（と防衛）を代行している「小リヴァイアサン」にすぎないのです。

子分の小リヴァイアサンを、いくら憲法で縛りつけたところで、親分の大リヴァイアサンが暴れ出したら、なすすべもありません。子分は親分に服従するしかないのです。

じっさい、だから戦後日本において、自民党政権は、ほとんど一貫して、経済政策だけに専念することができてきたのです。

そして、いままた、経済成長を何よりも最優先の政策課題とする自民党が、アメリカへの服従を、よりいっそう強化しようとしていることは、あまりにも当然のなりゆきです。

もう一度いいますが、リヴァイアサンである国家に防衛してもらうことによって、はじめて市民社会は、経済活動に専念することができるのですから。

したがって、じつは**戦後日本において、正しい意味での「国家」は存在しなかった**とさえいっても、過言ではないのです。

少なくとも、「主権国家」は存在しませんでした。

市民社会を防衛するのが、主権を有する国家であるにもかかわらず、日本はその役割を、アメリカに委ねてきたのですから。

戦後の日本には、市民社会だけがあって、国家が存在しないという、原理的にはありえないはずの異常事態が現出し、それがこんにちにまで、いたっているのです。

タブーとしてのルソー

なぜでしょうか。もちろん、その直接的な原因は、敗戦後の占領政策にあります。けれども、それをいまここで論じるのはやめましょう（関心のある人は、たとえば佐伯啓思氏の戦後論や、佐伯氏も参照している、江藤淳の占領政策研究などを、参照してください）。

本書の関心は、あくまでも「市民」の「道徳」とは何かという、原理的な問題にあります。そして、この観点から考えたとき、決定的に重要なのは、ホッブズでもロックでもなく、ルソーです。

ルソーこそは、「市民」とは何かという思想的な問題に、ほとんど決定的といってよい、原理的な解答を与えたのです。

だからこそ、ルソーの思想は、西洋のみならず、日本を含む東洋の近代化において、絶大な影響を与えました。

ところが、ホッブズ主義とロック主義との対立（とみえるもの）の陰に隠れて、ルソー主義だけは、表立って語られることがありません。

明確にルソー的な思想的立場に立つ政党は存在しませんし、学校教育においても、ルソーは「近代民主主義の理論的完成者」であるとされながらも、その思想の核心にふれられることはありません。

じっさい、中学校の「社会科」や高校の「公民科」の授業で、ルソーが「市民は国家のために死ななければならない」と明言していることを、きちんと習ったことがある人は、ほとんどいないでしょう。

教科書にも、いっさい書かれていません。明らかに、伏せられているのです。

なぜでしょうか。

それは、**ルソーの「共和国」、すなわち「市民の国」の思想こそは、平和憲法と日米同盟との相互依存によって成り立つ、戦後日本の体制**（いわゆる「戦後レジーム」）**に、決定的に抵触してしまう**からです。

ルソーはこういいました。

社会契約とは、ホッブズがいうような、市民たちが全員、武装解除し、自分たち以外の誰かに主権を委ねることによって、その主権者がつくる国家に、平和と安全を保障してもらう、などという約束なのではない。

そうではなく、市民たち自身が主権者として、国家という共同体をつくり、それによって、共同で自分たちを防衛するという約束。これが真の社会契約であり、その真の社会契約に基づいて創設される国家こそが、「共和国」と呼ばれるのである。

もし、このルソーの考え方をそのまま適用すれば、私たちは、まず、徴兵制に基づく国防軍を創設するしかありません。国家とは、市民たち自身による、市民社会の共同防衛体なのですから。

そこでは、市民たちは、武装解除するのではなく、むしろ**全員が武装した兵士となり、その力を結集することによって、共同で自分たちを防衛しなければならない**のです。

この考え方が、武装解除を約束した憲法9条を守れという、左派の平和主義にとっても、国防はアメリカに委ねて、自分たちは金儲けのことだけを考えていたい、右派の対米追従主義にとっても、決定的なタブーであることは明らかでしょう。

だから、戦後の日本においては、右も左も、「近代民主主義の理論的完成者」であるはずのルソーにだけは、ふれないようにしてきたのです。

「市民」がもつ2つの側面

これはおかしなことというほかありません。

何度もいいますが、たしかに、ルソーこそは「近代民主主義の理論的完成者」なのです。にもかかわらず、そのルソーの思想が、戦後日本におけるタブーであるとは、いったいどういうことなのでしょうか。

しばしば、日本には真の民主主義が存在しないとか、市民社会が未成熟で、真の市民が育っていないとかといわれます。

たしかに、そのとおりです。そして、それはあまりにも当然のことなのです。

私たちは戦後、民主主義とは何であり、市民とは何であるかという問いに、決定的な解答を与えた、ほかならぬルソーの思想をこそ、タブーとしてきたのです。

そんなところに、民主主義も市民も、育つわけがないではありませんか。

言い換えれば、私たちは「市民」という概念の、1つの側面しか、みてこなかったのです。

それが、ホッブズとロックが示した、新たな市民の概念、すなわち「近代的市民」です。

しかしルソーは、「市民」とは本来、そういうものではない、といいました。

ホッブズがいう市民とは、たんなる主権者（国家）の奴隷（臣民）ではないか。

市民ではない。むしろ、市民は「奴隷」ではないからこそ、「自由」な市民たりえるのである。それは本来の

したがって、市民は主権者の奴隷であってはならず、市民自身が主権者でなければならない。

そうルソーはいいました。

そしてこれが、近代民主主義の誕生だったのです。

つまり、**ルソーはここで、古代ギリシア以来の伝統的な「市民」の概念、いわば「古代的市民」の概念を、「復興」した**のです。

すでに第1章で述べたとおり、この古代の復興（ルネサンス）が、近代を誕生させました。古代ギリシアの市民と民主主義の理想を、新たなかたちでよみがえらせたところに、私たちの近代民主主義が誕生したのです。

したがって、**私たちにとっての「市民」という概念は、ホッブズとロックが示した「近代的市民」と、ルソーが復興した「古代的市民」との、2つの側面をあわせもっています。**

この両面があって、はじめて、「市民」という概念が成立し、そして私たちが、その意味での市民となることによって、はじめて、本来の民主主義が成立するのです。

ルソーをタブーにしているかぎり、民主主義は成り立ちません。

そして、「市民教育」としての道徳教育が、民主主義のための教育であるかぎり、私たちは、もはやルソーをタブーにし続けることはできないのです。

学校が教育によって育てるべき「市民」とはどのような人間か。その市民の「道徳」とはどのようなものなのか。ルソーを手がかりに、さらに考えてみることにしましょう。

2 自由と公共性 ――「市民」であることの本質

市民の「自由」

これも何度も強調してきたように、古代の民主主義は、奴隷制によって成り立っていました。

「奴隷」とは、いまふうにいえば、たんなる労働者です。

もっぱら生産労働、つまり「経済」にのみ従事し、「政治」にはいっさい参加しない存在。それが奴隷です。

そして、「市民」とは、この奴隷たちを所有することによって、「労働から解放」されている存在でした。

この「労働からの解放」が、市民の「自由」です。

市民とは、まずもって「自由」な人間であり、自由であるがゆえに、政治に参加する権利と義務をもつ存在でした。

この意味での「自由」については、第3章と第4章でも述べてきましたが、ここでもう一度、確認しておきましょう。

なぜ奴隷は「自由」ではないのか。そこには2つの意味があります。

まず第一に、奴隷が従事する労働（経済）とは、人間が生存するために必要なものです。

つまりこれは、動物が毎日餌をとってくるのと同じです。

したがって、人間がたんに労働しているだけであれば、その人間は、たんなる動物と同じである、ということになるわけです。

これは、生存の必要性、つまり身体（自然）の必然性に「支配」されているということです。

簡単にいえば、腹が減ったから餌をとってこいという、本能（自然法則）の命令に「服従」しているだけです。

だから、そこに人間の「自由」はない、と考えられたわけです。

また、もっと金持ちになって、もっとぜいたくをしたい、もっとうまいものを食いたい、といった欲望も、「自然」なものです。

だから、その自然法則としての自然な欲望が命じるままに、ひたすら金儲けと消費に明け暮れることのなかにも、やはり人間の「自由」はない、ということにもなります。

そして第二に、いうまでもないことですが、奴隷は「主人」に服従し、主人の命令に従って生きていません。

自分の意志で、つまり自分自身の命令に従って、生きることができません。

アリストテレスが、奴隷は「動く道具」であるといっていたように、奴隷は主人が「生産手段」として所有し、使用する「道具」であり、「物」であって、それはいまでいう工場の機械と同じであったわけです。

このように、奴隷は二重の意味で「自由」を奪われた存在であり、それゆえに「人間」ではない（「物」ないし「動物」と同じである）と考えられていたわけです。

そして、それに対して、市民は、この2つの意味での「自由」をもつ存在でした。

つまり、第一に、生存の必要性（自然の必然性）に縛られていないということ。すなわち、**労働（経済）から解放されている**ということ。

第二に、自分が自分の主人であるということ。すなわち、誰の命令に服従することもなく、ただ**自分自身の命令にのみ服従する**ということ。

この2つの意味での「自由」が、古代の都市国家における**「人間の条件」**でした。

この条件を満たしている者だけが、「市民」と呼ばれ、「人間」でありえたのです。

市民は「暇人」？

ところで、労働する必要もなく、誰に支配され命令されるわけでもない、このような「市民」とは、じつに「暇」な人間ではないかと思われるでしょう。

現代の私たちの生活は、ほとんどの時間が労働で埋め尽くされています。働かざる者食うべからずで、食べるために日々労働に追われ続けているのが、現代の市民たちの一般的な姿です。

もし、明日からいっさい労働しなくてよい、労働はすべて奴隷（機械）がやってくれるとなったら――人工知能社会の到来で、近い将来、現にそうなるだろうという人もいますが――、私たちは暇をもてあまして、困ってしまうかもしれません。

そうです。それがまさに、古代の「市民」なのです。

市民とは「自由な人」ですが、それは言い換えれば、「暇な人」でもありました。

では、その暇人たちは、日々、何をしていたのでしょうか。

私たちなら、つかの間、労働から解放された自由な余暇の時間を、お酒を飲んだり、テレビをみたり、ディズニーランドに遊びに行ったりなどして、気楽に過ごしたいところです。

しかし、古代の市民は、そうではありませんでした。

なぜなら、それはほんとうの意味で「自由」な時間の過ごし方ではないからです。

カントを思い出してください。

疲れたからダラダラしようとか、たまにはぜいたくしてうまいものを食いに行こうとか、くだらないお笑い番組をみてゲラゲラ笑おうとか、こういうことはすべて、身体の自然な欲望や感覚的な快楽でしかありません。

つまり、これらはすべて、自然に支配された、不自由で奴隷的な状態なのです。

このような奴隷状態から解放されることこそが、ほんとうの意味で「自由」になるということなのです。

したがって、カントは、理性によって客観的で普遍的な道徳法則を見いだし、それに服従することこそが、ほんとうの意味での人間の自由なのだと考えました。

カントは近代の哲学者ですが、もともと、古代の市民たちにとっても、基本的な考え方は同じでした。

つまり、自己の自然な欲望や感覚的な快楽に服従するのではなく、むしろそこから解放されること。そして、自己の欲望や快楽を超えた、人間の普遍的な真理や公共的な価値を追求すること。

それが「市民の自由」だったのです。

だから、**暇な市民たちは何をしていたのかというと、学問や芸術、そして政治に励んでいたのです。**

ちなみに、「暇」のことを、ラテン語で「スコラ（schola）」といいますが、これは現代の英語で「学者」や「学生」を意味する「スカラー（scholar）」や、「学校」を意味する「スクール（school）」の語源です。

なんと、**「学者」や「学生」は「暇人」であり、「学校」とは、その暇人たちが集まる場所だったのです！**

自由で暇があるから勉強する。それが「学者」や「学校」の本来の意味なのです（ちなみに、ビジネスbusinessは、ビジーbusyの名詞形で、「多忙」という意味ですから、こんにちの日本やアメリカのように、「学校」で「ビジネス」を教えるというのは、本来、まったく意味不明なことなのです）。

学問、芸術、そして政治。これらはすべて、自分一人の欲望や快楽を超えた、普遍的で公共的な真・善・美といった価値を追求し、実現しようとする営みです。

それゆえに、このような**公共的な活動に参加することこそが、人が自由な市民であることの証明であった**わけです。

「公」と「私」

本書において、これまで何度も、市民とは自由な人間であり、自由であるがゆえに、政治に参加する権利と義務を負う存在であった、という説明をしてきたのは、こういう意味であったわけです。

古代において、「政治」とは、自分一人の欲望や快楽や利益を超えた「公共の善」を追求する活動でした。

そしてそれは、「経済（労働）」から解放された「自由」をもつ「市民」だけの特権であったと同時に、市民たちは、その特権を行使することによって、みずからが自由な人間であることを証明する義務を負ったのです。

さて、ここで重要なことは、それゆえに、**市民が行なう「政治」という活動は、「公的（パブリック）」なものであった**ということです。

「公」とは、「公共性」や「公開性」を意味します。

つまり、自分一人だけではなく、共同で生きるすべての人びとに関わる事柄であり、したがってそれは、すべての人びとに開かれており、すべての人びとにみられているということ。それが「公的」であるということの意味です。

それに対して、**奴隷が従事する「経済（労働）」は、「私的（プライベート）」なもの**でした。「私」は「公」の反対で、たんに自分一人の生存や利益、欲望、快楽にだけ関わる事柄であり、それゆえに、人びとに対して閉じられており、隠されている、という意味です。

また語源の話ですが、「経済」を意味する英語「エコノミー（economy）」の語源は、ギリシア語の「オイコノミア（oikonomia）」です。そして「オイコノミア」とは、「家（オイコスoikos）の秩序（ノモスnomos）」、つまり「家計」や「家政」を意味します。

いまふうにいえば、年収がいくらで、貯金がいくらあって、といった事柄です。

これはまさに、自分一人の「家」の事柄であり、人びとに対して閉じられ、隠されるべき「私的」な事柄であったわけです。

市民とは、こういう「私的」な事柄である「経済」から解放されることによって、「公的」な事柄である「政治」を行なう存在でした。

そして反対に、奴隷とは、もっぱら「私的」な事柄である「経済」にのみ従事し、「公的」な事柄である「政治」に参加する権利をもたない存在であったのです。

こういう意味で、**市民は「公民」であり、奴隷は「私民」**でした。

私的な経済に縛られた人間が「奴隷」であり、そこから解放されて、公的な政治に参加する人間が「市民」だったのです。

「プライベート」は大事ですか

ここで注意してほしいことは、それゆえに、もともと「プライベート」という概念は、きわめてネガティブな意味をもつものであったということです。

またしても語源をたどってみると、「プライベート（private）」とは、もともと「欠如している（privative）」とか「奪われている（deprived）」とかという意味です。これらはすべて同じ言葉なのです。

では、何が「欠如」していて、何が「奪われて」いるのでしょうか。

いうまでもなく、それは「自由」です。

「自由」を奪われ、したがって「公的」な活動に参加する権利を奪われているということ。

また、したがって、「人間」および「市民」としての資格を奪われているということ。

それが「プライベート」という概念の、もともとの意味なのです。

繰り返しますが、**「私的（プライベート）」な世界のなかだけで、自分の利益や快楽だけを追求して生きている人間は「奴隷」であり、そこから解放されて「公的（パブリック）」な世界に出ていくことによって、はじめて人は「市民」になることができた**のです。

ところが、現代の私たちにとって、「プライベート」や「プライバシー」は、たいへんポジティブな意味をもつものです。「プライバシーの侵害だ」「プライバシーを守れ」「プライベートな問題に立ち入るな」等々、それは通常、守られるべき大事なもの、という意味で使われるでしょう。

なぜ、もともとは、人間の本質である自由を奪われているという、きわめてネガティブな意味でしかなかった、このプライベートという概念が、まったく反対に、守られるべき大事なものという、ポジティブな意味をもつようになったのでしょうか。

まさにこれこそ、近代における「市民」概念の大きな転換だったのです。

前章において、ホッブズは「市民」という概念の伝統的な意味を、大胆に転換させたのだといいました。

もともと、「市民」とは、自分の生存や利益、快楽など、私的な事柄から解放されて、もっぱら共同体全体に関わる公的な事柄に関心をよせる存在でした。

ところがホッブズは、「市民」とは、国家（主権者）の保護のもとで、もっぱら私的な利益を追求する存在だといったのです。

明らかに、ホッブズのいう「市民」は、古代でいう奴隷です。

そして、ホッブズのいう「主権者」だけが、古代でいう市民なのです。

だから、これも前章で述べたように、ホッブズは、市民は主権者に「服従（subject）」する「臣民（subject）」であるといったのです。

つまりホッブズは、市民たちが、むしろかつての奴隷のように、もっぱら私的な利益を追求することを保障するのが、国家（主権者）の役割だといったことになります。

ここにおいて、いわば、かつて奴隷状態とされたものが、市民状態（社会状態）として、公然と認められたのです。

かくして、かつては人間と市民の本質である自由と公共性を「奪われた」状態であるとされていた「プライベート」が、かえって、国家によって保護されるべき、人間と市民の「権利」となったわけです。

市民の「徳」

すでに述べたように、ルソーは、このようなホッブズの「市民」概念に異を唱え、古代以来の伝統的な「市民」概念を、もう一度、新たなかたちで取り戻そうとしました。

そして、そこに成り立つのが、「市民の国」である「共和国」であるといいました。

それはどういうことなのかについては、次節で考えることとして、ここではもう1点、古代における「市民」の、重要な側面を確認しておくことにしましょう。

それはほかでもなく、**市民には、特有の「徳」が求められた**ということです。

市民とは、自己の生存や私的な欲望、利益、快楽などから解放された、自由な人間であり、それゆえに、共同体全体に関わる、公共的な価値の実現をめざすべき存在であったといいました。

しかし、いうまでもなく、このような市民は、ほうっておいても自然に育つものではありません。

むしろ、人はほうっておけば、カントのいう「心の傾き」や「自然の傾向性」に流されて、自分一人の利益や快楽だけを追い求めるようになります。

古代の哲学者たちは、それを「腐敗」と呼びました。

市民と市民の国は、自然にまかせてほうっておけば、必然的に腐敗します。

だからこそ、それを防ぐための市民の教育と訓練が、決定的に重要だったのです。

それはつまり、**自己の私的な欲望に打ち克ち、公共の利益のために献身する、知性と意志と情念とを、養うこと**でした。

それが、市民の「徳」と呼ばれるものでした。

具体的には、「節制」「思慮」「勇気」といったものです。

市民は、まず何よりも、自己の私的な欲望を制御できなければなりません。それが「節制」です。

そして、学問を積み、何が実現すべき真・善・美なのかを、冷静に判断することができなければなりません。それが「思慮」です。

さらに、保身に走りがちな自己の臆病さや卑怯さを克服し、実現すべき公共的な価値のために、一身を賭す気概《きがい》がなければなりません。それが「勇気」です。

これらの「徳」を、「余暇」における厳しい教育と修養によって身につけることができて、はじめて人は「市民」になることができたのです。

このような市民の「徳」は、西洋の政治思想の伝統において、**「シヴィック・ヴァーチュー」**と呼ばれてきました。

文字どおり「市民的（公民的と訳されることもあります）徳」ですが、ここで「ヴァーチュー」という英語が使われていることに注意してください。

これは、**「力量」や「武勇」といった意味もある、英雄的で力強い戦士的美徳**を表わす言葉です。

こんにち、市民の「道徳」といえば、たいてい「モラル」という言葉が使われます。「道徳教育」も、通常、「モラル・エデュケーション」です。

「モラル」という英語は、「習俗」や「風習」を意味する「モーレス」から来ています。したがって、どちらかといえば、社会的なルールや規範を遵守するという、受動的なニュアンスが強い言葉です。

しかし、市民には、たんにモラルを守ればよいというだけではなく、卓越した力量（ヴァーチュー）をもつことが求められたのです。

それは市民が、政治という、海原の航海にもたとえられる国家の舵を取る義務と責任を負う存在である以上、当然のことでした。**市民が腐敗してヴァーチューを失ったとき、国家という船は沈没する**のです。

じっさい、古代の市民は、つねに同時に戦士でもありました。いうまでもなく、市民がそのヴァーチュー、とくに勇気という徳を、もっとも発揮することを求められたのは、共同体の防衛であったからです。

3 奴隷の平和か、市民の自由か —— 民主主義の条件

誰もが市民であり、奴隷でもある

さて、ルソーです。

ルソーは、前節でみたような古代以来の「市民」の伝統を、近代に新しくよみがえらせようとしたのでした。

では、その「新しく」とは、どういう意味でしょうか。

いうまでもないでしょう。「一般意志」こそが、まさにそれなのです。「つねに公共の利益のみを志向する」。

それが一般意志でした。これは古代の市民の理想そのものです。

そしてルソーは、人間は人間である以上、ちょうどデカルトやカントのいう「理性」と同じように、誰もが、少なくとも潜在的には、この一般意志をもっているはずだと考えたのです。ということは、結局彼は、すべての人間が、古代のような意味での市民でありうるはずだと考えたことになります。

つまり、彼の思想は、いわば古代の市民概念を民衆化し、平等化したものなのです。**古代のように、一部の特権階級だけが市民であるのではなく、すべての人間が、平等に、市民である国家。それが彼のいう「共和国」です。**

「共和国」は、英語で「リパブリック（republic）」といいますが、これはラテン語の「レス・プブリカ（res publica）」から来ています。そしてこれは、直訳すると「公共の事柄」です。つまり、共和国とは、まさに「公共の利益のみを志向する」市民たちの一般意志によってつくられる、政治的共同体を意味するわけです。

とはいえ、古代の市民と共和国（都市国家）には、奴隷が不可欠でした。奴隷に労働させることによって、市民は私的な利害から解放され、公共的な政治に参加することができたのです。

にもかかわらず、すべての者が市民になってしまっては、労働する者がいなくなります。

これでは、そもそも市民が市民であることができません。

当然のことです。だからルソーは、こう考えました。

誰もが市民になるということは、同時に、誰もが奴隷になるということでもある、と。

それが「個別意志」です。

誰もが、自分の生存と私的な利益を追求する個別意志をもっている。だから、この個別意志に基づいて、誰もが労働し、お金を稼いで、生計を立てる。

しかしながら、それと同時に、誰もが、自分一人の生存や私的な利益を超えた、公共の利益を追求する一般意志をもっている。だから、この一般意志に基づいて、誰もが政治に参加し、国家をつくる。

このような、いわば**半分は奴隷であり、半分は市民であるよう**な人間。これがルソーのいう「市民」なのです（図6−1）。

ここで、第4章でみた、カントの「人格」の概念を思い出した読者もおられるのではないでしょうか。

カントのいう「人格」とは、いわば**半分は「手段」であり、半分は「目的」であるよう**な人間であると、私はいいました。

ルソーのいう「市民」も、まさに同じなのです。

図 6-1

市民と奴隷、公民と私民

古代の民主主義（都市国家）

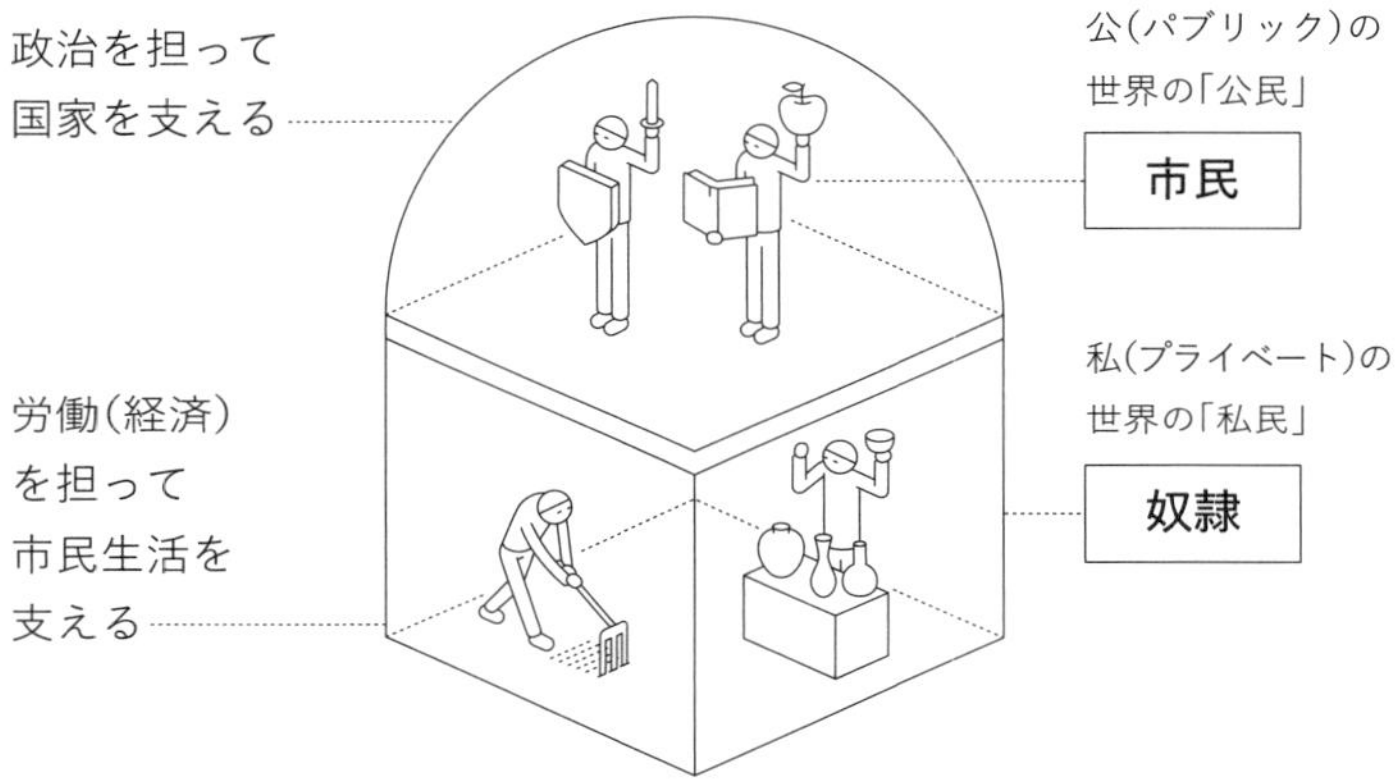

近代の民主主義（共和国）

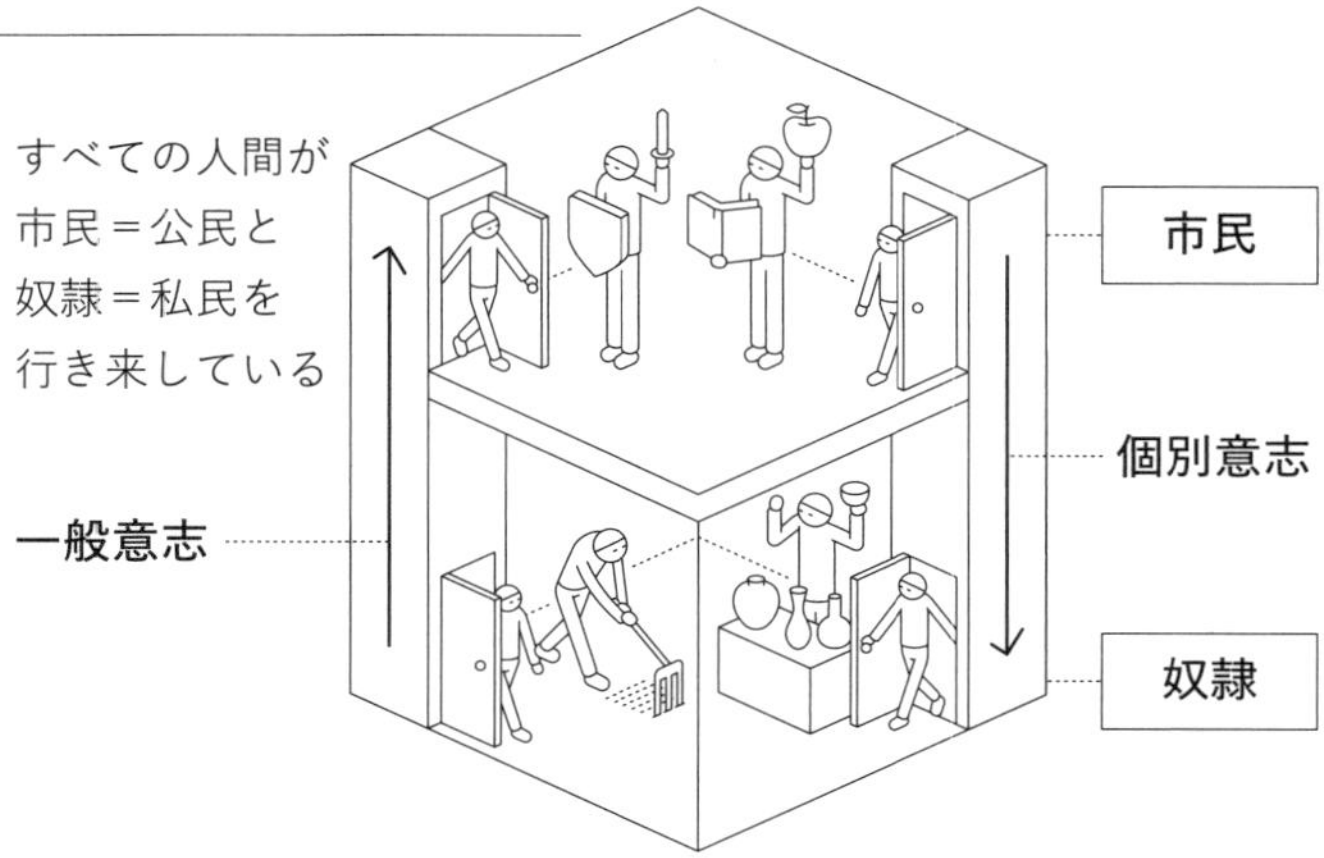

つまり、一面では、身体を「手段」として用いることによって、私的な利益を追求する「私民（奴隷）」であり、同時に、他面では、そこから解放された「自由」において、公共の善を「目的」として追求する「公民（市民）」であるような人間。

これが、民主主義の国家と社会の主体となる、「人格」としての「市民」なのです。

「奴隷の自由」と「市民の自由」

じっさい、ルソーは、みずからを「自由な市民」であると信じていながら、そのじつ金儲けのことばかり考えていて、政治も軍事もすべて金で解決しようとしている「近代人」を指して、こういっています。

> わたしたちのような近代人は奴隷を所有しないが、**諸君自身が奴隷なのだ**。わたしたちはみずからの自由を売って、奴隷の自由を買っているのである。
>
> （前掲『社会契約論／ジュネーヴ草稿』）

やりたいことをやり、自分の私的な利益や快楽だけを追求して生きることは、いっけん、自由な生き方であるかのようでありながら、それはたんなる**「奴隷の自由」**にすぎない。
その奴隷状態から解放されて、公的な義務をみずから進んで負うことにこそ、真の人間の自由がある。それが**「市民の自由」**である。

そうルソーはいっているわけです。

ところで、本書の第3章において、「私的自由」と「公的自由」、または「消極的自由」と「積極的自由」の違いについて述べたことを、覚えているでしょうか。

ひとくちに「自由」といっても、そこには2つの、しかも正反対の意味があります。

1つは、「私的自由」ないし「消極的自由」で、これは公的な義務や責任から解放されて、私的な利益や快楽を追求することを意味します。だからこれは「～からの自由（liberty from）」ともいわれます。公的な義務や責任からの自由です。

他方、「公的自由」ないし「積極的自由」は、むしろ反対に、私的な利益や快楽から解放されて、公的な義務や責任を積極的に担うことを意味します。だからこれは「～への自由（liberty to）」ともいわれます。公的な義務や責任への自由です。

ルソーはここで、「私的・消極的自由」を「奴隷の自由」、「公的・積極的自由」を「市民の自由」と呼んでいるわけです。

「近代人」、つまり近代の市民とは、この正反対である「奴隷の自由」と「市民の自由」とを、同時にあわせもつ存在です。

一方では「私民」として「奴隷の自由」を享受し、他方では「公民」として「市民の自由」を行使するのです。

ただし、ここで重要なことは、あくまでも、「奴隷の自由」は「市民の自由」のための手段であり、条件であるということです。

逆ではありません。

共和国とは、すべての人間が自由な市民となることを「目的」として、建設される国家です。すべての人間が、奴隷状態から解放され、自由な市民になること。

それが共和国の目的なのです。

そして、あくまでも、その目的のための手段として、すべての人間が、同時に奴隷でもなければならないということが、必要となるのです。

そういう意味で、すべての人間が、平等に、「市民（公民）」であると同時に「奴隷（私民）」でもあるということ。

これがルソーのいう共和国という思想であり、これが近代民主主義の原理となるのです。

市民は自分自身にのみ服従する

さて、そう考えると、たしかにこのルソーの思想は、じつにみごとに近代の平等主義と民主主義の原理を説明しています。

要するに、一部の特権階級だけが、自由な市民として国家をつくっていた、古代の民主主義とは異なり、すべての人間が、平等に、自由な市民となって国家をつくる。

これが近代の民主主義である、ということです。

単純な話といえば、単純な話です。

しかし、これが民主主義であるということは、私たちにとっては、やはりかなり意外なことではないでしょうか。

これは、私たちがなんとなく民主主義という言葉に対して抱いているイメージとは、かなりかけ離れています。

少なくとも、これが**きわめて「厳しい」思想**であることは、まちがいありません。

それはどういうことでしょうか。

まず第一に、ここでは、市民は国家に対する、きわめて厳しい服従ないし忠誠の義務を負います。

なぜなら、前章でも述べたとおり、ここでは、市民と国家は一体であるからです。

国家とは、すなわち市民たち自身なのですから、国家の市民に対する命令は、すなわち市民たち自身の市民に対する命令です。

だから、その命令に服従することは、自分で自分に服従することである、ということになります。

かくして、**じつは民主主義においてこそ、市民の国家に対する服従ないし忠誠の義務は、よりいっそう強いものとなる**のです。

このことを、ルソーはこう表現しています。

共和国において、市民は「すべての人々と結びつきながら、しかも自分自身にしか服従せず、以前と同じように自由である」。

いっけん、謎めいた表現ではありますが、論理はきわめて明快です。

共和国において、国家の意志は、市民たち自身の一般意志にほかなりません。「主権とは、一般意志の行使にほかならない」とルソーはいっていました。

ホッブズの国家のように、市民たちとは別に「主権者」がいて、その主権者が市民たちに命令を下すのではありません。

そうではなく、市民たち自身が主権者なのです。

だから、その主権者すなわち国家の命令は、市民たち自身の一般意志の命令なのです。

そして、一般意志とは、すべての市民たちが共有している、共通のものです。

だから、その一般意志の命令であるところの、国家の命令に服従することは、その国家を構成している、すべての人びとの命令に服従することを意味します。

共和国において、市民は「すべての人々と結びつく」というのは、こういうことです。

しかしながら、その一般意志の命令は、ほかならぬ自分自身の一般意志の命令でもあるのですから、結局、共和国において市民は、本質的には、ただ「自分自身にしか服従しない」ということにもなるわけです。

市民と国家の「自律」

そしてルソーは、だから、共和国において、市民は「自由」である、というのです。

この「自由」が、カントのいう「自律」と同じであることは、いうまでもないでしょう。

他人の命令ではなく、自分自身の命令にのみ服従すること。

しかも、自然な欲望ではなく、普遍的な理性の道徳的命令に服従すること。

これがカントのいう「自律」であり、それが、ほんとうの意味での、人間の「自由」を意味するのでした。

ルソーも同じことをいっているのです。

自分以外の誰かを主権者として立て、その主権者の命令に服従するのではなく、**自分自身が主権者となって、自分で自分に命令する。**

しかも、自分の私的な利益を追求する個別意志ではなく、公共の利益を追求する一般意志の命令に服従する。

このときはじめて、市民は真の「自由」を獲得するのだ、というわけです。

民主主義とは、このような意味での、自由な市民たちによる政治です。

だから、**民主主義が成り立つためには、まず市民たちの、カント的な意味での「自律」がなければなりません。**

前節でも述べたように、まず市民たちが、自律的で道徳的な「人格」でなければならないのです。

それによってはじめて、その市民たちがつくる国家（共和国）もまた、自律的な国家となります。

つまり、他国に支配されるわけでもなければ、ただ市民たちの私的な欲望に支配されるわけでもない、真に自由な独立国家となることができるのです。

すでに前章の冒頭において、教育が「人格の完成」をめざすということは、すなわち「平和で民主的な国家及び社会の形成者」を育成するということでもある、といったのは、こういうことです。

まず市民たち一人ひとりが、道徳的人格として自律すること、すなわち「独立」することが大事なのです。

そうすれば、その独立した個々人がつくる国家は、必然的に、誰にも支配されない、自由で自律的な独立国家になります。

これが、福沢諭吉が近代の個人と国家の原理を説いていった、**「一身独立して一国独立す」**ということの意味なのです。

「滅私奉公」は市民の徳

このように、市民には厳しい道徳的自律が求められます。

これは、言い換えれば、**すべての市民が「市民的徳《シヴィック・ヴァーチュー》」を身につけなければならない**ということでもあります。

これが、民主主義がきわめて厳しい思想であるといった、第二の理由です。

近代の民主主義においては、すべての人が、一面において、古代のような意味での市民にならなければならないのですから、これはまったく当然のことです。

とはいえ、近代において、市民が「徳」を身につけるということは、じつは古代以上に、はるかに難しいことでしょう。

なぜなら、まず第一に、古代の市民は、奴隷の所有によって、そもそも私的利益を追求する必要性から解放されていました。

そして第二に、それゆえに市民には、学問と修養のための、じゅうぶんな「余暇」がありました。

この2つの条件があったがゆえに、古代の市民は、どうにか「徳」の涵養《かんよう》に努めることができた（できるとされた）のです。

しかし、近代の市民は、自分自身が奴隷でもなければなりません。

みずから労働して生計を立て、個別意志に基づいて、私的な利益を追求しなければならないのです。

それでいて、同時に、一般意志に基づいて、公共の利益だけを追求しなければなりません。このように、一人の人間が、自分自身の個別意志（私的利益）と一般意志（公的利益）とを、厳格に峻別しつつ、それを同時に追求しなければならないのです。

しかも、もし両者が齟齬《そご》をきたす場合には、市民は、個別意志を捨てて、一般意志に服従しなければなりません。

私利私欲を捨てて、全体の利益に奉仕しなければならないのです。

つまり、ある種の「滅私奉公」が、市民には求められるのです。

いうまでもなく、この場合の「滅私奉公」とは、いわゆる封建道徳のそれ、つまり「臣」が「君」に忠義を尽くすというようなことを意味するのではありません。

なぜなら、**市民とは、自分自身が「君（主権者）」でもあり「臣（臣民）」でもある**からです（ちなみに、主権者を「君」、臣民を「臣」と訳し、みずからが君でもあり臣でもあるのが、「士」としての市民である、といったのは、「東洋のルソー」と呼ばれる中江兆民です。この点については、本書第7章の4を参照）。

したがって、ここでいう「滅私奉公」とは、文字どおり、「私（個別意志）」を捨て去って「公（一般意志）」に服従する、という意味です。

注意しなければならないのは、民主主義だからこそ、つまり**市民自身が主権者であるからこ**

そ、この意味での「滅私奉公」の徳が、市民には求められるということです。

何度も強調しているポイントですが、ホッブズやロックのいう市民であれば、滅私奉公など必要ありません。「私」を捨てて「公」のために尽くす義務を負うのは主権者だけであり、その主権者の保護のもとで、市民はひたすら「私」だけを追求すればよいのです。

けれども、民主主義とは、市民自身が主権者となって、自分たち自身を支配する制度です。だから、民主主義のもとにおける市民は、一方では、国家の支配・保護のもとで、ひたすら私的利益を追求する「私民」でありながら、同時に、その国家をみずから担い、私民を支配・保護する「公民」でもあるのです。

「私民」としての市民は、個別意志に基づいて私的利益だけを追求することを、権利として、国家に保障されています。だから、当然、滅私奉公など必要ありません。

しかし、その「私民」としての市民を保護している国家をつくっているのも、「公民」としての市民自身なのです。

だから市民は、「公民」であるためには、むしろ私利私欲を捨てて、公共の利益だけを追求しなければなりません。

つまり、逆説的ですが、**市民は、自分の平和で安全な私生活を保護するためにも、いつでもそれを捨てる覚悟をもたなければならない**、ということにもなるのです。

しかも、全員が、平等に、そうでなければならないのです。

「自由の強制」という逆説

このように、近代の民主主義においては、すべての人間が、一面において、自由で自律的で道徳的な市民であることを求められます。

いや、「求められる」などという控えめな表現よりも、「強制される」といったほうが、より正確でしょう。

民主主義とは、すべての人間に、市民であること、すなわち自由な人間であることを、強制する制度なのです。

そこでは、私は自由なんかいらない、私は奴隷でかまわない、ということは許されません。私は国家や政治のことになんか何の関心もない、私は自分の幸せだけを考えて生きていたい、というわけにはいかないのです。

じっさい、ルソーは、はっきりとこういっています。

社会契約には、市民は一般意志への服従を強制されるという約束が、暗黙のうちに含まれている。そしてそれは、結局、市民は**「自由であるように強制される」**ということである、と。この約束があってはじめて、他のすべての約束は有効なものとなり、また、この約束がなければ、社会契約はたんなる圧政となる、ともルソーはいっています。

これはきわめて厳しい思想であり、**ほとんど危険思想すれすれ（ないし危険思想そのもの）です。**

けれども、少なくとも民主主義という制度を採用する以上、これはやはり、決定的に重要なことであると、いわざるをえないのではないでしょうか。

考えてみてください。民主主義において、もし市民たち一人ひとりの自由、すなわち一般意志への服従という意味での自律がなければ、どうなるでしょうか。

第一に、市民が公共の事柄への関心を失い、政治から撤退すれば、国家は、一部の権力者だけの専有物になります。つまり、一種のホッブズ的国家への退行が起こります。

第二に、しかも、その権力者を選ぶのは、市民たちの一般意志ではなく、個別意志です。したがって、そこでは、一部の多数派の私的利益が、国家の政治を動かすことになります。

第三に、にもかかわらず、その政治は、一般意志（国民の意思！）の名のもとに、正当化されます。したがって、そこでは、**一部の人間の私的利益にすぎないものが、あたかも国家全体の公共の利益であるかのように装われ、市民全員に強制されることになる**のです。

民主主義を守るために

なんとも、私たちにとっては、じつになじみ深い光景ではないでしょうか。

かくして、あまりにも容易に、**民主主義は、民主主義の名のもとに、独裁ないし専制に転落する**のです。

いうまでもなく、これが民主主義の「腐敗」です。

そして、かくして腐敗した国家は——誰も国家に奉仕し、国家を守ろうなどとはしなくなるのですから——かならず滅亡するということ、だからこそ、じつは**民主主義ほど危険な政治制度はない**のだということが、古代以来の政治哲学の常識でもあったのです。

もちろんルソーも、この常識を継承していました。

だから彼は、民主主義ほど不安定で危険な政治はない、といいます。いや、それどころか、彼は、次のようにさえ、いっているのです。

　もしも神々からなる人民であれば、この人民は民主政を選択するだろう。**これほどに完璧**

な政体は人間にはふさわしくない。

たしかにルソーは、民主主義の理論的完成者でした。国家は人びとの社会契約によってつくられるのだという考え方に、原理的に基づくならば、国家とはすなわち民主主義の国家でしかありえません。このことを論証したのがルソーです。しかし、同時に彼は、それがいかに困難であり、たえず腐敗の危機にさらされているものであるかも、自覚していました。

だからこそ彼は、**民主主義を腐敗から防ぐためには、とほうもない市民の意志と努力が必要なのだ**ということを、繰り返し強調してもいるのです。

彼はいいます。「その政体を維持するために、民主政ほど警戒と勇気が必要とされる政体はない」。市民は、生涯にわたって「力と忍耐力で武装し」なければならず、そして、次の言葉を、毎日、「心の底から叫ぶ必要がある」。

「わたしは奴隷の平和よりも、危険な自由を選ぶ」。

民主主義とは、自由な人間が、市民となって国家をつくることです。

ところが、その民主主義が存続するために、国家はたえず、市民を、正しい意味で、自由な人間であらしめなければなりません。

かくして、**市民が国家をつくることと、国家が市民をつくることとが、入れ子のように往還し続けること**。これが、自由と民主主義を守り抜く、不可欠の条件となるのです。

民主主義の国家が、市民をつくるための、きわめて強力な「教育」を必要とするのは、このゆえにほかなりません。

そして、その本質にあるのは、「自由であることの強制」という、きわどい逆説なのです。

第6章のまとめ

◎ルソーの民主主義思想は、戦後日本のタブーだった
◎民主主義は、市民の「徳」に懸かっている
◎市民が「徳」を失った民主主義は、独裁に転落する

第7章

なぜ「学校は社会に対して閉じられるべき」なのか

共和主義から考える「士民」の徳

1 共和主義と自由主義 —— 2つの民主主義

2つの民主主義？

ここまで、2つの章にわたって、社会契約論という近代の思想に基づいて、国家とは何か、市民とは何か、そして民主主義とは何かを考えてきました。

どれも、私たちが、なんとなくわかっているつもりになっているものです。けれども、こうしてあらためて論理的に整理して考えてみると、どうでしょうか。いくらなんでも、あまりにもイメージが違いすぎるのではないでしょうか。

私たちは、学校やメディアから、おおむね、こう教えられています。

明治初期には、自由民権運動など、民主主義を求める動きもあったものの、それらはすべて弾圧され、結局、戦前の日本は、国家主義と軍国主義に支配されてしまった。

だから、国民には自由がなく、人びとは国家（天皇）のたんなる「臣民」として、絶対的に服従させられた。徴兵制がしかれ、国民は戦争のための道具として、むりやり兵隊に駆り出された。また、そのために、仁義忠孝だの武士道だのといった儒教的な封建道徳が、教育勅語や学校の道徳教育（修身科）によって、国民に注入された。

しかるに、敗戦によって、ようやく国民は、国家主義と軍国主義から解放され、日本に自由と平和と民主主義がもたらされた。国民主権に基づく近代的な憲法がやっと制定された。封建的な道徳教育からも解放され、個人の自由、人権、平等などの近代的価値が尊重されるようになった。

かくして日本は、ようやく一人前の近代国家として、再出発することになった……。

ところが、ルソーによれば、こうなのです。

民主主義とは、市民たち自身が、共同で国家をつくることである。

だから、市民とは、一面においては、国家をつくる「主権者」であり、他面においては、国家によって統治される「臣民」である。

臣民は主権者に服従しなければならない――それが社会契約である――が、それは市民が、自分自身に服従することを意味する。それは市民たちが、自分たち以外の誰かに守ってもらうのではなく、自分たち自身で、自分たちの平和と安全を守るという社会契約である。それによってはじめて、市民たちは、誰にも服従せず、ただ自分自身にだけ服従するという、真の自由を獲得することができる。

したがって、自由な民主主義の国家とは、まず何よりも、市民たちの共同防衛体である。そこでは、すべての市民が、自己の私的な利益よりも、国家の公的な利益を優先させる義務を負う。そして、その最たるものとして、国防のために自己の生命を犠牲にする義務さえも、負わなければならない。

この義務は、すべての市民に共通の、完全に平等で対等なものであるのだから、すべての市民が、いつでも、国家のために死ぬ覚悟をもたなければならない。そして国家は、これらのことを、市民たちに教育し続けなければならない。それによって、民主主義という危険な政体は、かろうじて存続しうるのである……。

じつに、ほとんど正反対ではないでしょうか。

ルソーが民主主義と呼んでいるものは、むしろ、戦前の日本がそうであったといわれている国家主義と軍国主義に、きわめて近いように思われます。

そして、戦後の日本が民主主義と呼んでいるものは、むしろルソーが、民主主義の対極であり、民主主義を腐敗させる最たるものであるという、「奴隷の自由」や「奴隷の平和」と呼ばれるものに、ほかならないように思われます。

これはいったい、どういうことなのでしょうか。

共和主義と自由主義

この問題について、あらためて整理して考えてみたいのですが、そのための手がかりになる、1つのひじょうにおもしろい論文があります。

すでにこれまでの章でも何度かふれてきた、フランスの哲学者、**レジス・ドゥブレの「あなたはデモクラットか、それとも共和主義者か」**という論文です。

ドゥブレは、ほとんど徹底的といってよいルソー主義者です。

したがって、近代の合理主義と啓蒙主義を推進する「左派」のなかでも、もっとも急進的な「極左」の思想的立場に立つ知識人です。これもすでに述べたように、彼は社会主義に共鳴し、チェ・ゲバラとともに南米でのゲリラ戦を戦ったことでも知られています。

そして彼は、そのみずからの思想的立場を、**「共和主義者（リパブリカン）」**と称します。まさに、ルソーのいう「共和国」を理想とする主義です。

ところが、私たちにとって、いささかわかりにくいのは、彼がそれを、「民主主義者（デモクラット）」と対置していることです。

私たちは、なんとなく、「共和主義」も「民主主義」も、ほとんど同じ意味であるかのように考えています。私自身も本書において、ここまで、ルソーの「共和国」の思想を、そのまま「民主主義」の思想として、解説してきました。

ところがドゥブレは、この2つは正反対の思想だというのです。

ここはちょっとややこしいところですので、先に、簡単に整理しておきましょう。

このドゥブレのいう「共和主義」と「民主主義」は、異なる2つの思想というよりも、**民主主義という思想がもつ、2つの側面**として、理解すべきです。

言い換えれば、これはちょうど、本書において、近代の「市民」がもつ2つの側面として説明してきた、「公民」と「私民」との、いずれの側面に立脚して、民主主義を考えるかという問題なのです。

民主主義とは、まず何よりも、市民たちの「公共の事柄」への積極的な献身を意味する、と考えるのが、ドゥブレのいう「共和主義」です。

それに対して、民主主義とは、まず何よりも、市民たちの「私的な利益」の追求が保障されることを意味する、と考えるのが、ドゥブレのいう「民主主義」です。

また、それゆえに、これは当然、「自由」についての考え方の違いでもあります。

市民の自由とは、公的な義務や責任を積極的に担おうとする「公的自由」ないし「積極的自由（〜への自由）」を意味する、と考えるのが、ドゥブレのいう「共和主義」です。
それに対して、公的な義務や責任から逃れ、私的な欲望を追求する「私的自由」ないし「消極的自由（〜からの自由）」こそ、守られるべき市民の自由である、と考えるのが、ドゥブレのいう「民主主義」です。

さらに、これは、公的な「政治」と、私的な「経済」との、どちらを重視するかの違いでもあります。もう少し正確にいえば、「経済」が「政治」のためにあると考えるのか、それとも「政治」が「経済」のためにあると考えるのかの違いです。「政治」が優位であると考えるのが「共和主義」、「経済」が優位であると考えるのが「民主主義」です。

このように、ひとくちに民主主義といっても、いわば、**「政治的共和主義」**を重視する民主主義と、**「経済的自由主義」を重視する民主主義**との、2つの考え方があるわけです。ドゥブレ自身は、前者を（フランスの）「共和主義」、後者を（アメリカの）「民主主義」として、わかりやすく対置しているのですが、正確には、これらはどちらも、民主主義についての考え方です。

そして、現実には、あらゆる民主主義が、この2つの考え方をあわせもっているのです。

したがって、本章では、混乱を避けるため、ドゥブレのいう共和主義を**「共和主義」または**

「共和主義的民主主義」と呼び、ドゥブレのいう民主主義を**「自由主義」**または**「自由主義的民主主義」**と呼ぶことにしましょう。

民主主義というコインの両面

この「2つの民主主義」を、きちんと論理的に整理して理解しておくことは、とりわけこんにちの私たちにとって、きわめて重要な意味をもっています。

というのは、まず第一に、すでにみてきたように、私たち戦後の日本人にとっての「民主主義」や「市民」のイメージは、自由主義の側面だけに、あまりにも偏りすぎています。まずはそれを修正し、正しい理解をもつ必要があります。

そして第二に、この2つは、これも何度も強調してきたように、いわば近代民主主義という1枚のコインの両面です。表のない裏も、裏のない表も、ありえません。近代民主主義とは、この両面があって、はじめて成り立つものなのです。

にもかかわらず、**いずれか一方だけが「正しい民主主義」であると考えるとき、民主主義は崩壊します**。ドゥブレ自身の卓抜な比喩を借りれば、病んだ共和主義は「兵舎に変容」し、病んだ自由主義は「売春宿になってしまう」のです。

したがって、民主主義が健全でありうるためには、第一に、そもそも民主主義にはこの両面があるということを理解すること、第二に、この両面の関係を論理的に整理して理解すること、第三に、この両面のバランスをどのように保っていくかを考えること。この3つが、決定的な鍵となるのです。

当然、民主主義のための市民教育なり道徳教育なりが、どのようなものであるべきかを考えるに際しても、この3点を抜きにしていては、まったく無意味か、かえって有害な議論になってしまうでしょう。

さて、ドゥブレはこの論文のなかで、さまざまな比喩や修辞を駆使しながら、この2つの民主主義の違いを、きわめて印象的に表現しています。まずはそれを概観してみましょう。

まず、そもそも、共和主義と自由主義とでは、根本にある人間観が、まったく異なっている、とドゥブレはいいます。

共和主義は、人間とは「よき判断をくだし仲間とともに討議するために生まれた、本質的に理性的な動物」であると考える。それに対して、自由主義は、人間とは「工作し交換するために生まれた、本質的に生産的な動物」であると考える。

したがって、共和主義は、「行為と言葉を一致させ、自分自身をしっかり所有することができる」こと、すなわち「自律」を「自由」と考える。それに対して、自由主義は、「財産を所有する」ことを「自由」と考える。

また、したがって、共和主義の国では、「政治が経済に対して優位」である。それに対して、自由主義の国では、「経済が政治を支配」している。

その結果として、共和主義の国では、優秀な人間は「司法・行政、あるいは討議空間としての政治の世界に進出」し、「公共善への奉仕、すなわち公務員であること」が、もっとも大きな尊敬を受ける。それに対して、自由主義の国では、優秀な人間は「事業に励む」。もっとも大きな尊敬を受けるのは「個人的な成功」である。

ここまで本書を通読してこられた読者であれば、もはや彼のいわんとすることが、手に取るようにわかるでしょう。すでに述べたように、ここに示されているのは、まさに「市民」と「奴隷」、または「公民」と「私民」との、明瞭すぎるほどの対比にほかならないのです。

2 なぜ民主主義者は徴兵制を支持するのか
――教育学としての徴兵制

市民皆兵と市民皆学

さて、そのうえで、本書の主題である「道徳」ないし「道徳教育」という観点からも、ここでとくに注目してみたいのは、**ドゥブレの学校論**です。

じつは、彼の論文は、学校論に多くの紙幅を割いています。

なぜ、日本の教育学者や教育者が、この論文に注目しないのか、私には不思議で仕方がありません。この論文ほど、戦後日本の学校教育、とくにその極まりともいえる近年の日本の学校教育に、根本的な反省を促してくれるものも少ないのではないかと、私は思います。

共和主義的民主主義が、学校を重視するということ、いや、「重視する」などという程度のことではなく、民主主義は学校とともにあり、学校こそが民主主義を支えるものであると考えることは、当然です。

いうまでもなく、**学校こそが「市民」をつくる**からです。

とはいえ、その前にまず、学校制度と類似した、もう1つの近代民主主義の制度について、あらためて考えておきましょう。

それは徴兵制度です。

徴兵制度と学校制度。この2つは、**近代民主主義が、それを支える市民を育成するために生んだ2つの制度**であり、いわば双子の兄弟のようなものです。

いうまでもなく、徴兵制度は「市民（国民）皆兵」、学校制度は「市民（国民）皆学」の理念を体現する制度です。

民主主義においては、すべての人が、対等な資格において、市民でなければならないのですから、すべての人が、平等に、国防の義務を負うと同時に、市民であるために必要な知識や徳の教育を受けなければなりません。

したがって、市民皆兵と市民皆学が、近代民主主義を支える、もっとも根本的な2つの理念であるわけです。

繰り返しますが、**市民皆兵という理念は、全体主義や軍国主義である以前に、まずもって民主主義の思想**なのです。

これは当然のことでしょう。貴族や騎士、あるいは日本であれば武士だけが、武装して共同体を防衛し、他の民衆（庶民、平民）はその義務を負わない――つまり一方的に保護してもらうだけ――というのでは、平等な市民による政治にはならないからです。

だから、歴史的にみても、徴兵制はフランス革命とともに誕生しました。

ルソーの思想に基づいて共和国を建設したフランスは、すぐに徴兵制度を導入し、文字どおりすべての人間（ただし、男性に限られてはいましたが）に、市民としての、国防の義務を与えました。

これは、すべての人に「公共の事柄」への参加資格を与えたということを意味します。それによって、はじめて、すべての人が「市民」になることができたのです。

なお、第5章でも少しふれたように、フランスでは、1997年に徴兵制が廃止されました。このとき、それは民主主義の根幹を掘り崩すことにほかならないと、激しく批判したのが、ドゥブレをはじめとする「左派」の思想家や政治家であったといいましたが、その意味も、もはや明らかでしょう。

彼らは、ルソーとフランス革命に典型的に表現された、共和主義の伝統に基づいて、徴兵制こそ民主主義の根幹であると訴えたのです。

民主主義と徴兵制

じっさい、すでにルソーは、たとえばこう述べていました。

市民たちの主要な仕事が公務ではなくなり、市民たちが自分の身体を使って奉仕するよりも、自分の財布から支払って奉仕することを好むようになるとともに、国家は滅亡に瀕しているのである。［兵士として］前線に出兵しなければならないというなら、市民は［傭兵の］軍隊に金を払って、自分は家にとどまろうとする。会議に出席しなければならないというなら、市民は代議士を任命して、自分は家にとどまろうとする。怠惰と金銭のおかげで、市民たちはついに兵隊を雇って祖国を奴隷状態に陥れ、代議士を雇って祖国を売り渡したのである。

（前掲『社会契約論／ジュネーヴ草稿』、［　］は訳者による補足）

なんとも、自国の軍隊どころか、アメリカの軍隊に金を払ってまで、なんとしても「自分は家にとどまろうと」している私たちは、いったい何者なのかという思いを禁じえませんが、それはひとまずおきましょう。

このルソーの警告に呼応するかのように、ドゥブレもやはり、こう論じます（以下、ドゥブレの引用に際しては、「デモクラシー」を「自由主義」と表現するなど、適宜、訳文を改変しています）。

市民のひとりひとりが他者の自由に責任を持たなければならない、ということは時には武器を取らなければならない場合があるということだが、そういうところではネーション〔国民〕が軍隊のなかにあり、かつまた軍隊がネーションのなかにある。死を前にした平等抜きの、法のもとでの市民の平等などにいったいどんな価値があるというのか。となると、日々の生活においてすでに国民の兵役義務が始まっているということになるだろうか。共和主義的原理は、徴兵にもとづく軍隊を推奨する。自由主義では、国防は、平時においては多くプロの軍人がこれにあたる。

（〔　〕は引用者による補足）

ドゥブレのいうとおり、じつはこんにちでも、「共和主義的原理」が優勢な国ほど、徴兵制（国民皆兵制）を厳格に維持しています。その典型はスイスです（ちなみにドゥブレは、厳密な意味で「共和国」と呼べるのはフランスとスイスだけだと述べています）。

スイスは基本的に**「民兵制」**です。民兵制とは、文字どおり、すべての市民（国民）が兵士になる、という制度です。

だから「常備軍」、つまりドゥブレのいう「プロの軍人」――いわゆる「職業軍人」ですが、ルソー的にいえば「市民が金で雇った軍隊」ということになるでしょうか――が、スイスには、ほとんどいません。

現在のスイスの常備軍は、なんと約4千人であるといわれています。軍隊ではないとされている日本の自衛隊でさえ、約24万7千人であることを考えれば、これは驚くべき数字です。

なぜこんなに職業軍人が少ないのかといえば、要するに、そもそもスイス人は、原則的に、全員が兵士であるからです。だから、有事の際には、一般市民が武装して、軍隊に駆けつける制度になっているわけです。

スイス人の兵役義務はきわめて厳格で、かつては良心的徴兵拒否も認められませんでした。なんと、徴兵拒否は「犯罪」だったのです。1992年の憲法改正で認められるようになりましたが、それでも、公共的な奉仕活動などの、かなり重い「代替役務」を負います。

私たちの自由主義的な感覚からすれば、じつに軍国主義的で全体主義的な、恐ろしい社会のように感じられるかもしれませんが、共和主義の原理から考えれば、これはむしろ当然のことなのです。

何度もいっているように、一部の市民だけが、国防のために身を危険にさらす義務を負い、他の市民はそれを負わなくてよいなどということは、原理的に、あってはならないことだからです。

だから、スイスでは、2013年に徴兵制の廃止をめぐる史上2度目の国民投票が行なわれたときも、じつに約73パーセントという圧倒的多数で否決されたといいます。

私たちは、つい、なんとなく「民主主義なのに徴兵制なんてありえない！」と思ってしまいますが、7割以上のスイス人は、逆に「民主主義なのに徴兵制廃止なんてありえない！」といったわけです。

民主主義というものについての考え方が、自由主義と共和主義とでは、かくもまったく異なっているのです。

なぜ徴兵制が復活しているのか

しばしばいわれることですが、国防のための手段として考えれば、徴兵制など、現代ではもはや、まったく不合理でしかありません。というのは、現代の戦闘はきわめて高度にハイテク化していますから、軍事は軍事を「専門」とする職業軍人にまかせたほうが、合理的であるに決まっているからです。

にもかかわらず、スイスをはじめとする多くの近代国家が、徴兵制を手放しません。あるいは、いったん廃止したにもかかわらず、復活させた国も少なくありません。

とくに近年になって、その動きがめだっています。

じつにフランスも、２０１８年１月、マクロン大統領が徴兵制の復活を宣言しました。スウェーデンも、２０１０年にいったん廃止した徴兵制を、２０１７年に復活しました。

なぜでしょうか。

その大きな理由の１つは、徴兵制には、もともと、「市民の育成」という教育的意義があったからです。

日本でも、たまに「最近の若者はたるんでいる」などといって、徴兵制を復活させて若者を軍隊で鍛えるべきだ、などという主張をする人がいます。

いうまでもなく、これはいかにも短絡的で乱暴な主張です。教育の問題は、あくまでも教育制度の問題として考えるべきであって、そこに安全保障制度の問題である徴兵制をもち出すなど、まったくナンセンスでしかない、という批判も、当然といえば、じつに当然です。

しかしながら、他方で、徴兵制を、安全保障の問題というよりも、むしろ教育の問題として考える考え方は、じつはいまにはじまったことではないのです。

それどころか、むしろそれは、そもそもの徴兵制という制度の本質であるといっても、過言ではありません。

たとえば、フランス革命が勃発した18世紀後半には、イギリスでも、まさに専門的な職業軍人による常備軍制か、それとも国民皆兵の原則に基づく民兵制かをめぐる、思想的な論争がありました。おおまかにいえば、ここでも、自由主義者は常備軍制を、共和主義者は民兵制を、おのおの支持しました。

自由主義者は、国防のための手段としての、常備軍制の合理性を主張しました。軍事は軍事の「専門家」が「職業」として「分業」したほうが合理的であり、そのほうが確実な安全保障ができる。こういう、こんにちの徴兵制反対論と同じ主張が、すでにこのとき、なされていたのです。

ところが、にもかかわらず、多くの思想家が、むしろ民兵制を支持しました。

とりわけ興味深いのは、ほかならぬ「自由主義経済学の父」と呼ばれ、個人の自由な経済競争や分業による富の増進を説いたとされる経済学者、アダム・スミスでさえ、常備軍制は危険だと訴えたのです。

なぜなら、それは共和国に不可欠な、市民たちの「武勇の精神」を衰退させるからである、と。

国防という、もっとも公共的な市民の義務が、一部の職業的専門家に委ねられてしまえば、市民たちは公共の精神や武勇の徳を失い、結局は、共和国の腐敗と文明の衰退を招いてしまう。

そう考えて、スミスは、国防の手段としては常備軍制をとりつつも、市民たちの武勇の精神の維持という目的で——つまり、まさに市民教育のための手段として——、民兵制（徴兵制）を同時に取り入れることを主張したのです（18世紀イギリスの常備軍論争については、田中秀夫『文明社会と公共精神——スコットランド啓蒙の地平』昭和堂、１９９６年を参照）。

教育学としての徴兵制

これは18世紀の議論です。ましてや、軍事の科学化と専門化と職業化が比較にならないほど進展している21世紀のこんにちにあっては、国防の手段としての徴兵制など、まったく無意味でしかないことは、いうまでもないでしょう。

しかし、むしろだからこそ、共和国における市民教育の手段という、ある意味では本来の徴兵制の意義が、再発見されつつあるのです。西洋諸国において、ある種の市民教育の「復興」が叫ばれているこんにち（本書第5章の1、参照）、同時に、徴兵制の復活や再評価の動きがみられることは、けっして偶然ではありません。

徴兵制は、国防の手段としては、もはや無意味でしかないがゆえに、それは私たちにとって、むしろ純粋に教育の問題なのです。

教育学としての徴兵制とは、市民であることの本質である公共の精神や武勇の徳を、いかに維持し、涵養《かんよう》するのかという、市民教育の問題にほかなりません。

もちろん、それはかならずしも、**ただちに徴兵制を復活すべきである、などという短絡を意味するのではありません。**

そうではなく、**もし徴兵制が、学校制とならんで、市民の育成という教育的役割を担うものであったのであれば、徴兵制のない国家において、その教育は、誰がどのようにして担うのかという問題**なのです。

たとえば、フランスでは、1997年にいったん徴兵制が廃止されたとき、それに代わるものとして「市民としてたどる道」という教育プログラムが設けられました。これは、「フランスの子どもたち（男子および女子）が彼らの将来の権利と義務を学習するにあたって、その補助をつとめるためのもの」であり、そのおもな内容は「学業期間中における共和国を防衛することにかんする教育」であるとされています（水林章氏によるドゥブレ論文への訳注を参照）。

現実的な問題として、こんにちの日本において、ただちに徴兵制を復活するなどという選択はありえないでしょうし、また望ましいものでもないでしょう。ついでに断っておけば、**私自身は、こんにちの日本が置かれている対米従属状況において、徴兵制を復活するなど、もってのほかであると考えています。**

しかし、それならば、公共の精神や武勇の徳といった市民的資質は、誰が、どこで、どのような教育によって、育成すればよいのでしょうか。

このような「教育学としての徴兵制」の問題は、このまま不問に付しておいて（タブーにしておいて）よいのでしょうか。

共和主義という思想の伝統は、そのような問いを、私たちに突きつけているのです。

3　民主主義と学校 ―― 「閉じられた学校」をめざして？

共和主義者は子どもが嫌い？

さて、それでは、徴兵制度の双子の兄弟として、近代民主主義を支えるもう1つの制度である、学校制度について、考えてみましょう。

同じ民主主義でも、共和主義と自由主義とでは、学校の位置づけがまったく異なります。何のために学校教育という制度があり、そこで子どもたちは、何を、何のために、学ぶべきなのか。

この、「そもそも学校とは何か」という、学校教育制度の本質についての考え方が、両者ではまったく異なるのです。

まずはドゥブレのいうことを聞いてみましょう。たとえば彼は、こういいます。

共和主義は、子供のなかに人間を見る。そして、たとえ子供を押さえ込んでしまう危険をおかしても、子供のなかの成長すべきものに対して働きかける。**自由主義は人間のなかの子供に気に入られようとする。**大人として扱うと退屈させてしまうのではないかと恐れるからだ。いかなる子供もそれ自体として愛らしいということなどない、と共和主義者は言う。彼は子供が精神的に向上することを欲するからである。これに対して、人間というものは突きつめれば大きな子供なのだから、みな愛すべき存在なのだ、と自由主義者は結論づける。もう少しはっきり言えば、**共和主義者は子供が嫌いで、自由主義者は大人に敬意を払わないの**である。

やや余談めきますが、私が勤めている国立教員養成大学の、いわゆるアドミッション・ポリシー（求める学生像をまとめた、大学の入学者受け入れ方針）には、その筆頭に「子どもが好き」と書かれています。

私自身、白状してしまうと、小中学校の教員採用試験において、面接試験に臨む学生たちには、何はさておき「明るく、元気で、子ども好き」を徹底的にアピールしてこいという指導をしています。そうでなければ、採用試験には、まず合格できないからです。

学校や教育のことを、よく勉強しているかどうかなど、問題ではありません。「子どもが好き」かどうかが、学校教員としての、まず第一の選考基準なのです。

もちろん、私はいつも、内心では頭を抱えています。「『子ども』を『大人』にするのが教師の仕事であるはずなのに、その教師が『子どもが好き』でどうするのだ？」と。

ドゥブレによれば、この私の感覚は、典型的に共和主義的なのです。そして、学校教師はまずもって「子どもが好き」でなければならないという、こんにちの日本の教育界を支配している感覚は、まったくもって自由主義的なのです。

理性の訓練か、欲望の開発か

もちろん、ここでいう子どもが好き／嫌いというのは、たんなる修辞的な表現にすぎません。文字どおりの意味で好きか嫌いかなど、どうでもよいことです。

問題になっているのは、学校教育というものの、そもそもの目的に関する、根本的な考え方の違いです。本章の「1」であらためて整理したような、共和主義と自由主義の考え方の違いが、もっとも鋭く現われるのが、学校教育という現場なのです。

「共和主義は、子供のなかに人間を見る」とドゥブレはいいます。

この「人間」という概念が、**理性と一般意志を備えた自律的な市民**、そしてカントのいう**人格としての人間**を指していることは明らかでしょう。

だから、教育が働きかけるべき「子供のなかの成長すべきもの」とは、まさにその理性と一般意志そのものにほかなりません。

また、したがって、「子供が精神的に向上する」とは、理性と一般意志の能力を開花させることによって、自己の欲望を適切にコントロールし、公共の義務を積極的に担い、自己を道徳的に律することができるようになる、ということを意味します。

このような意味で、**「子ども」を「大人」に――「動物」を「人間」に、「奴隷」を「市民」に――育てるのが、教育の役割であると、共和主義者は考える**わけです。

ついでにいえば、だから、「たとえ子供を押さえ込んでしまう危険をおかしても」ということになるわけです。

つまり、たとえ子どもの、ああしたい、こうしたいという、私的で感覚的な欲望としての「やりたいこと」を、押さえ込むことになったとしても、それ以上に、公的で理性的な義務としての「やるべきこと」を認識させ、自覚させることを、あくまでも教育の役割であると考えるのです。

それに対して、「自由主義は人間のなかの子供に気に入られようとする」とドゥブレはいいます。

いうまでもなく、「人間のなかの子供」とは、自己の私的な欲望や感覚的な快楽だけを追求する、人間の動物的で奴隷的な側面を指した表現でしょう。あるいは、理性による自己支配ができない、カントのいう「未成年の状態」を指しているといってもよいでしょう（本書第4章、参照）。

自由主義は、そういう意味での「子ども」を、ありのままに認め、満足させようとするのだ、とドゥブレはいうわけです。

「子ども」を「大人」にしようとするのではなく、そのまま「大きな子ども」に育てようとするのです。

それは要するに、自分のやりたいこと（だけ）をやる人間です。

すると、そこでは教育とは、子どもたちに「自分のやりたいこと」を見つけさせ、それを「夢」という人生の目標に仕立てさせ、その実現のために必要な知識や技術を与えることを意味するようになるでしょう。

つまり、**子どもたちの欲望を解放し、さらには開発し、それを可能なかぎり実現させていくことが、教育の目的となる**のです。

なお、これがまさに、こんにちの日本の教育界を支配するイデオロギーとなっていることは、第3章でみたとおりです。

また、このことが、第6章の冒頭でみたように、戦後の日本が絵に描いたようなホッブズ的世界——市民が主権者の保護のもとで、もっぱら「私民」でいることができる世界——を体現していることと、パラレルな関係にあることも、いまや明らかでしょう。

楽しくなければ学校じゃない？

じっさい、およそ小学校から大学まで、あらゆる学校が、児童・生徒・学生たちを「大人として扱うと退屈させてしまうのではないかと恐れ」ているのではないでしょうか。

最近は大学の授業でも、授業の合間にゲームなどを取り入れる先生が増えてきました。15分か20分ごとくらいに、気分転換にミニゲームなどをやらせるのです。

そうしないと、学生が退屈してしまうからです。

この種の授業方法は、幼稚園や小中学校では、昔から実践されてきましたが、その方法を――小中学校の教員たちが蓄積してきたスキルを、大学教員が学びながら――大学にも取り入れようとしているのです。

かつて「楽しくなければ学校じゃない、おもしろくなければ授業じゃない」というキャッチコピーを掲げた専門学校のテレビコマーシャルがありましたが、これはもはや、この専門学校だけではありません。こんにちでは、なんと、公立・私立を問わず、あらゆる段階の学校が、この標語をまじめに掲げているのです！（試しに、「楽しくなければ学校じゃない」というワードを、インターネットで検索してみてください)。

それはそうでしょう。誰だって、「大人」としてやるべきことよりも、自分の好きなこと、楽しいこと、やりたいことだけをやって生きていたいに決まっています。それはカントのいう「自然の傾向性」であり、「心の傾き」です。

「大人」になるということは、それに逆らうことを意味するのですから、そこには多かれ少なかれ、私的な欲望や快楽を犠牲にするという苦痛がともないます。

共和主義は、その苦痛に、人間としての意味を認めます。その苦痛を引き受けることにこそ、人間としての「尊厳」があると考えるのです。

だから、それができるようになるということが、「子ども」が「大人」になるということであり、教育は、それを教えるためにこそある、と考えるのです。

それに対して、自由主義は、そんな苦痛になど、何の意味も見いだしません。そもそも苦痛は悪であり、快楽の増進こそが善であると考えるからです。

だから、誰もが、なるべくそんな苦痛を味わわなくてよい社会こそ、よい社会であると、自由主義は考えます。

また、したがって、**自由主義は、共和主義的な意味で、「子ども」が「大人」になる必要などど、認めない**わけです。「自由主義者は大人に敬意を払わない」というのは、そういうことでしょう。

むしろ、共和主義的な意味で「大人」になることは、悪であり――自分のやりたいことをやらないこと、公のために私を犠牲にすることは、悪であると、教わらなかったでしょうか――、**みんなが「子ども」のままでいられるような社会をつくることこそ、教育の役割であると、自由主義は考える**のです。

学校と社会

もう一度、図式的にまとめてみましょう。

共和主義の教育は、国家の政治を担う市民を育てるための教育です。それは主権者としての市民であり、一般意志に従い、公共の利益を追求する、公民としての市民です。

自由主義の教育は、市民社会の経済を担う奴隷（労働者）**を育てるための教育です。それは臣民としての市民であり、個別意志に従い、私的な利益を追求する、私民としての市民です。**

民主主義のための教育は、この両面をもっていると、まずは理解する必要があるのです。

繰り返しますが、どちらか一方が正しいのではありません。ルソーが厳密に論じたように、近代の市民は、この両面をあわせもった人間なのですから、学校教育もまた、この両面を育てる必要があるのです。

　とはいえ、当然のことながら、どちらの面に傾くかによって、学校は正反対のありようを示します。このことをドゥブレは、次のような鮮やかな対比によって描き出しています。

　共和主義においては、**社会は学校に似ていなければならない**。その場合の学校の任務はといえば、それは何事も自分の頭で考え判断することのできる市民を養成することにある。ところが、自由主義においては、反対に、**学校が社会に似ていなければならない**のである。自由主義における学校のもっとも重要な任務とは、労働市場に見合った生産者を養成することなのだ。その場合、**学校は「社会に対して開かれて」いることを要求される**し、また教育は各人が好きなように選ぶことができる「アラカルトな教育」でなければならない。共和主義においては、**学校は囲い壁の背後にある、固有の規則を持った閉ざされた場所以外のなにものでもない**。この社会から閉ざされているという性質がなければ、学校は、社会的、政治的、経済的、宗教的な力の矛盾した作用に対して、独立性（……）を保つことができないのである。学校についてこんな言い方をするのは、人間を彼の置かれた環境から解放しようとする学校と、逆に、その環境によりよいかたちで送り込もうとする学校は、名前は同じでもまったく別物だからである。

これほど、こんにちの私たちにとって「学校とは何か」を考え直させてくれる文章も、少ないのではないでしょうか。

日本の学校教育は、じつに１９８０年代後半以降、かれこれ30年来、「開かれた学校」を、教育改革のもっとも中核的なキーワードの１つとしてきました。

ほとんど誰もが、口を開けば、日本の学校は閉鎖的だ、もっと社会に対して開かれなければならないと、いい続けてきたのです。

学校が一元的な価値観に支配されているのはよくない。子どもたちはもっと多様な価値観にふれるべきだ。だから、社会のなかで働くさまざまな人を学校に呼ぶべきだ。子どもたちも学校の外に出て、さまざまな職業体験をするべきだ。云々。

ところがドゥブレは、まったく反対に、**学校は社会に対して、閉じられるべきだ**というのです。これはいったい、どういうことなのでしょうか。

学校は市民の供給源

なんとなく私たちは、「開かれている」ことは民主的で善いことで、「閉じられている」ことは独裁的で悪いことだという感じに、とらわれています。そのせいで、「閉じられた学校」という、このドゥブレの学校論は、いかにも危険な印象を与えるかもしれません。

しかし、そのなんとなくの思い込みを取り払って、少し論理的に考えてみれば、これはまったく当然のことではないでしょうか。

なぜなら、社会をつくるのは市民であり、市民をつくるのは学校であるからです。

逆ではありません。

つまり、社会が市民をつくり、市民が学校をつくるのではないのです。

そうではなく、学校が市民をつくり、市民が社会をつくるのです。

この順序は、決定的に重要です。

まず社会があって、その社会のなかで、市民が自然に育つのではないのです。社会契約とは何であったかを考えれば、これがいかに倒錯した思考であるかが、わかるはずです。

社会契約とは、自然状態から社会状態への移行でした。契約をした自然人が市民となり、その市民が、人為的につくる共同体が、国家と市民社会なのです。

だから、市民社会よりも、まず先に、市民が存在しなければならないのです。

その市民をつくるのは、人為的な教育です。市民は、ほうっておいても自然に育つのではありません。ほうっておいても自然に育つのは、自然人であって市民ではないのです。

市民とは、理性の訓練を受け、自由と自律を学び、勇気や節制といった市民的徳を身につけた人間です。

そのための、特有の教育を施す場所が、学校にほかなりません。

だから、**まず学校が市民をつくり、その市民が国家と市民社会をつくる**のです。そしてまた、市民がつくった国家の学校が、次なる世代の市民をつくるのです。

このような意味で、学校こそは共和国の要であり、いわば市民の供給源なのです。

いかに学校を「閉じる」か

学校とは、自然人として生まれ落ちた子どもたちを、社会からいったん引き離して引き受

図 7-1

学校と軍隊が「市民」をつくる

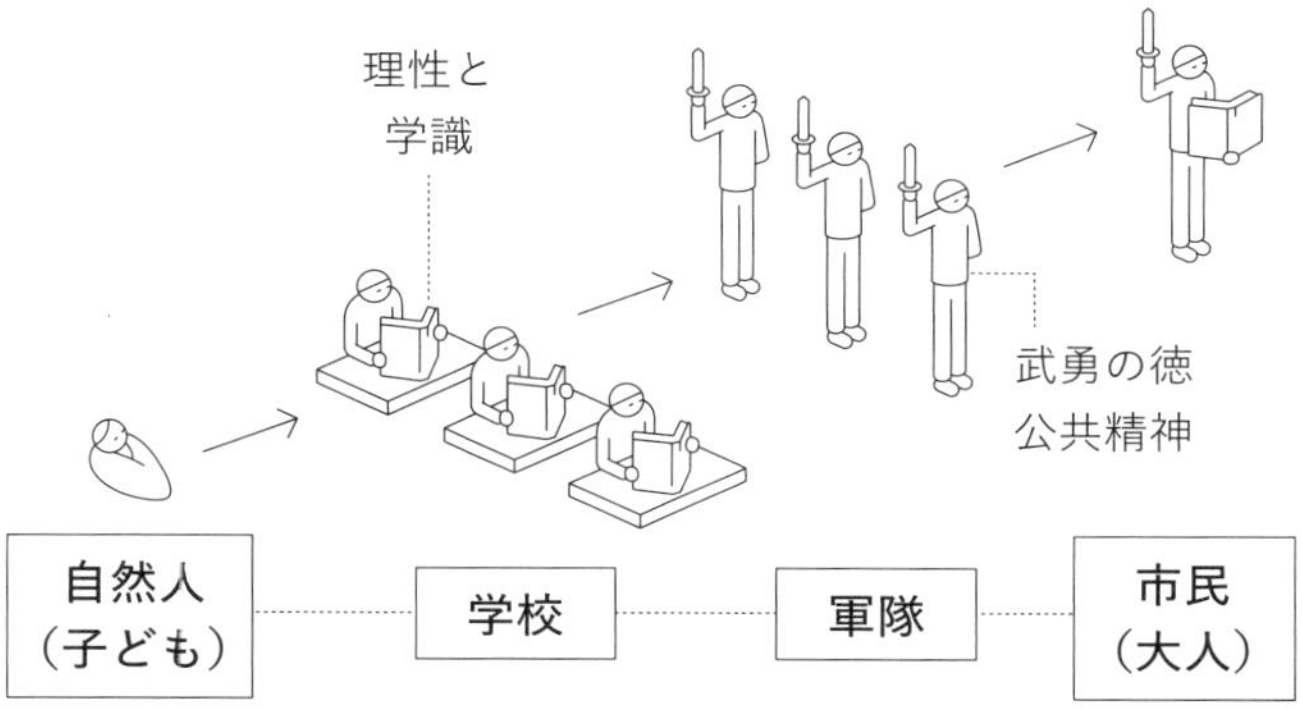

け、彼らを大人の市民に育てたうえで、また社会へ送り返す場所なのです（図7-1）。

だからドゥブレは、「社会は学校に似ていなければならない」というのです。

学校教育によって市民となった大人たちが社会をつくるのですから、そこでは、社会が学校を模倣するのです。

それに対して、「学校が社会に似ていなければならない」というのは、社会で必要とされる知識や技能を、学校は教えなければならない、ということです。それは結局、労働者および消費者としての、知識や技能や資質にほかなりません。

本書の第1章において、20世紀の産業社会化にともなう学校の「工場」化について述べたことを覚えているでしょうか。そこでは、まさに社会での労働と生活の分析によって、そこで必要とされている知識や技能や資質を析出し、それをもとに学校のカリキュラムを策定することがなされました。

そして、それがまさに、こんにちの日本の学校教育のあり方でもあるのです。

「これからの社会では、これこれの資質・能力が必要になる。だから、これからの学校は、それを教育しなければならない」という、繰り返される文部科学省の各種審議会等の提言は、まさにその典型にほかなりません。

私は第1章において、それはたんなる「奴隷教育」でしかないといいました。そして、本来、近代の学校教育は、「奴隷教育」と同時に「市民教育」をなさねばならないのではないかといいました。

それはすなわち、**あまりにも社会に対して開かれすぎ、社会に似すぎてしまった学校を、いかに社会から引き離し、社会に対して閉じるかを、私たちはいま、考えるべきではないか**ということです。

学校を閉じるということは、すなわち「人間」を守るということなのです。

近代社会において、人間が「人間」であり「市民」であり「大人」であるためには、特別な教育と訓練が必要です。

それは、**自然の傾向性や経済の圧力に抵抗し、「自由」を保守するための訓練**です。

すべての人が、平等に、一定期間、その訓練を受ける場所が「学校」なのです。その学校が、社会から隔絶され、社会に対して閉じられていなければならないのは、当然ではないでしょうか。

4 「市民の国」は「サムライの国」
――日本における「市民的徳」

東洋のルソー

ところで、最後にこの問題について考えておきましょう。

第4章において、私はこう論じました。

カントの道徳哲学は、典型的に西洋的で近代的な考え方である一方、意外にも、日本のいわゆる武士道のような価値観と共鳴する思想でもあった。だから、それはたんに「西洋の新しい思想」だからという理由だけで、日本人に受け入れられたのではなかった。そうではなく、当時の日本人は、そこに、日本人が伝統的に理想としてきたものを見いだし、しかもそれをさらに新たに発展させる可能性をも見いだしたからこそ、それを歓呼して迎えたのである、と。

では、そのカントと同じく、「自由」と「自律」を根幹とする、ルソーの「市民」と「共和国」の思想も、やはり近代の日本人にとって、そういうものだったのでしょうか。

しばしば、民主主義はギリシア・ローマに起源をもつ西洋の伝統であるが、日本にはその伝統がない。だから、民主主義は日本にはうまく根づかないのだ、ということがいわれます。いや、そういわれ続けてきたと、いわなければならないかもしれません。

もしそうだとすれば、私たちのここでの議論は、まったく無意味なものでしかありません。

いくら、市民とは何か、国家とは何か、民主主義とは何か、などと考えてみても、そんなものは全部、西洋の歴史的な産物にすぎない。歴史と伝統が異なる日本に、それをもってきても、うまくいかないのだ、ということになってしまいます。

しかし、そうでしょうか。

私は、そうは思いません。

いや、「私は」ではなく、かつて、はじめて民主主義というものにふれた、明治日本の思想家たちは、まったくそうは思わなかったのです。

やはり彼らは、カントの道徳哲学と同様、ルソーの共和国の思想のなかに、日本の伝統と、いちじるしく共鳴するものを見いだしました。そして、それをさらに進化させる、新たな可能性をもつ思想として、熱烈にそれを学び、受け入れたのです。

その典型は、「東洋のルソー」と呼ばれた中江兆民でした。

いったい兆民は、ルソーのどこにそんなに感動したのでしょうか。

その問題を通じて、ほかならぬ私たち日本人にとって、民主主義とは何か、市民とは何かを、最後に考えておきたいと思います。

「市民」は「武士」？

日々の学問と修養によって、節制、思慮、勇気といった「徳」を養い、厳しく自己を律する。そして、必要とあらば、いつでも私利私欲を捨てて公共の責務に奉仕し、場合によっては、共同体と同胞たちを守るために、命を懸けて戦うことさえある。

これが、民主主義の国家と社会をつくる「市民」でした。

そうすると、こんにちの私たちでさえ、これはどこか、かつて「武士道」と呼ばれていた、日本人の理想的な道徳観に、通ずるものがあるのではないかという感じが、するのではないでしょうか。

まさにそのとおりなのです。

兆民は、ルソーのいう「市民」は、明らかに日本の「武士」に近いものだと考えました。

念のために断っておけば、かつて現実に存在した武士たちが、ほんとうにそんな人間だったかどうかは、ここでは問題ではありません。

それは、ルソーのいう「市民」についても、同じです。

つまり、ここで問題になっているのは、理想的な「人間像」なのです。

私たちは、どのような人間を、理想としてめざすべきか。私たちの社会は、どのような人間を目標として、子どもたちを教育していくべきか。

「市民」とは、その理念であり、思想なのです。

そして兆民は、その意味で、ルソーのいう「市民」は、日本人のいう「武士」に近いものだと考えたのです。

儒学思想としての共和主義

その考えが如実《にょじつ》に示されているのが、彼が『社会契約論』を漢訳した『民約訳解』です。

そもそも、どうして彼は、『社会契約論』を、わざわざ漢訳したのでしょうか。つまり、たんなる日本語訳ではなく、あえて漢文に訳したのでしょうか。

それは、兆民が、**ルソーの思想は日本の思想的伝統、とくに武士階級にとっての教養であった儒学（儒教）の基本的な考え方と、深く共鳴するものであると考えた**からです（この点については、坂本多加雄『市場・道徳・秩序』創文社、1991年、第3章「中江兆民における道徳と政治――『近代的政治思想』とは何か」を参照。本章の以下の論述も、多くをこの坂本論文に拠っています）。

漢文に訳すということは、儒学の伝統的な言葉に翻訳するということです。

したがって、兆民が『社会契約論』を、わざわざ漢文に訳したということは、彼がそれを、いわば儒学の伝統に「接ぎ木」しようとしたことを意味します。

もっと大胆な言い方をすれば、『民約訳解』を、儒学の経書（主要な著作）の1つとして、新たに加えようとしたということです。

つまり、儒学の伝統的な思想を発展させれば、それは『社会契約論』になるのだ、というのが兆民の考え方だったのです。

いささか突拍子もない発想のように思われるかもしれません。しかし、かならずしもそうではありません。

たとえば彼は、**「一般意志」を「公志」、「個別意志」を「私志」**と訳しています。

いまの日本語訳のように、「一般意志／個別意志」と、直訳することもできたにもかかわらず、あえて「公志／私志」と訳しているのです。

なぜでしょうか。

それは、「公」と「私」は、多少なりとも儒学にふれたことのある日本人であれば、誰でも知っているはずの、儒学思想の伝統的な概念だったからです。

「公」は「君子」にまつわる概念であり、「私」は「小人《しょうじん》」にまつわる概念でした。「君子」とは、有徳な者や為政者を意味し、「小人」とは、無徳な者や被治者を意味します。

たとえば、『論語』の里仁《りじん》篇には、「君子は義に喩《さと》り、小人は利に喩る」という有名な一節があります。有徳な者はつねに公の正義を求め、徳のない者は私の利益ばかりを求める、というわけです。

つまり、兆民が、「一般意志」を「公志」、「個別意志」を「私志」と訳したとき、彼は、**公の義を追求する「君子」のような意志が一般意志であり、私の利を追求する「小人」のような意志が個別意志である、**という解釈を示したわけです。

それによって、ルソーの共和主義を、儒学の伝統に接続し、内面化しようとしたのです。

共和国は「士民」の国

では、「市民」に相当すると考えられた、日本の伝統的な概念は何だったのでしょうか。

兆民のみるところ、それは**「士」**でした。

兆民は、直訳すれば「都市の民」という意味で「市民」となるフランス語の「シトワイヤン」を――当時、すでに「市民」という訳語が存在したにもかかわらず――、あえて「士」と訳しているのです。

「士」は「武士」の士でもありますし、「士君子」という概念もあるとおり、「君子」の類概念でもあります。つまり、「士」とは、儒学（儒教）の伝統において、学識と徳を積んだ人格者であり、それゆえに優れた為政者をも意味する概念でした。

兆民にとって、**共和国と民主主義の主体である「市民《シトワイヤン》」は、儒学の伝統でいうところの「士」にほかならなかった**のです。

いわば、「シミン」とは、たんなる「都市の住民」である「市民」でもなければ、ましてや「私の民」である「私民」でもなく、**「士の民《サムライ》」という意味での「士民」**だったのです！

本書でみてきたとおり、ルソーのいう共和国とは、古代のように、一部の特権階級だけが、学識と徳を身につけた市民であるのではなく、すべての人間が、平等に、市民となる国家でした。

兆民が感動したのは、そこだったのです。

彼はルソーの共和国の思想に、**かつてのように一部の武士階級だけが「士」であるのではなく、すべての人びとが、平等に、「士」となる可能性を見いだした**のです。

それが、彼にとっての「民主主義」でした。

だから彼は、別のところでは、こうもいっています。

「民主平等の制」とは、「一国を挙げて道徳の園と為し」、「国人をして皆学に就きて君子と為るの手段を得せしめ」るためのものである、と（『三酔人経綸問答』、1887年）。

まさに文字どおり、**すべての人びとが学問と修養に励み、徳を涵養して「君子」＝「士」となること。これが、兆民がルソーから学んだ、近代の民主主義という思想だった**のです。

国民全員が「サムライ」に

兆民だけでありません。

これは、明治の思想家たちにとって、むしろ共通の認識でした。彼らは、ほとんど一様に、民主主義という思想を「道徳上の進歩」の思想として、感動とともに受け入れたのです。

たとえば、兆民より20歳以上若い弟子で、のちに社会主義者となった幸徳秋水《こうとくしゅうすい》をみてみましょう。彼は、もっとあからさまに「武士道」を語っています。

なんと彼は、**社会主義の目的は「武士道」である**といっているのです。

どういうことかといえば、やはり彼も、近代国家の「市民」とは、日本の伝統でいうところの「武士」であると考えました。もちろん、現実に存在した武士というよりも、「武士道」という理念で表現された、一個の理想的人間像としての「武士」です。

また、したがって、**日本の近代化とは、すべての国民が、「武士道」という道徳的理想を実現することである**、と彼は考えました。兆民の考えと同じように、すべての国民が「士《サムライ》」になるということが、彼にとっての近代化であり、民主化であったのです。

ところが、市民＝武士であるためには、経済（労働）からの解放が必要です。

古代の市民と同様、かつての日本の武士もまた（理念的には）、農民が納める年貢で生活していたのですから、やはり、みずからは労働から解放されていたわけです。

そして、それゆえに得られた「余暇」において、学問と修養に励んで徳を積み、政治に参加することができたのでした。

そこで、秋水はこう考えたわけです。

すべての国民が武士になるためには、すべての国民が、労働から解放されなければならない。そしてそのためには、国家が富を公平に分配し、すべての国民の最低限度の生活を保障しなければならない、と。

これが彼にとっての社会主義でした。

「社会主義が行われねば武士道は起らぬのである」とまで彼はいっています。

重要なことは、あくまでも、**武士道が目的で、社会主義はその手段だった**ということです。

つまり、道徳が目的で、経済は、そのための手段にほかならなかったのです。

ほかにも、たとえば秋水とほぼ同世代で、明治から大正初期に活躍した、山路愛山《やまじあいざん》という思想家がいます。彼は、兆民や秋水とは思想的立場をかなり異にする人でしたが、その彼でさえ、いささか驚くべきことに、こういっているのです。

「**武士道はなおシチズン（Citizen）の道というが如し。**『シチズン』とは十分なる政治上の権利を享有《きょうゆう》する共同生活体の一員なり。昔は武士のみ日本の『シチズン』というべきものなりき」。

やはり、「市民」とは日本でいう「武士」のことであり、「武士道」とは「市民の道」、つまり、まさに「市民の道徳」にほかならないと、ここまではっきりいわれていたのです。

「やせ我慢」の「士風」

そしてもう1人、やはり兆民らとは異なった思想的立場に立ちながらも、近代の日本人にとっての武士道の意義を力説した、日本人ならほとんど誰もが知っている思想家がいます。**福沢諭吉**です。

福沢は、兆民らのような、わかりやすい道徳主義や理想主義に比べれば、はるかに功利主義的で、現実主義的な思想家でした。江戸時代の身分制度と、いわゆる封建道徳を、「親の敵《かたき》」とまで称して忌《い》み嫌ったことも、よく知られています。

しかしながら、その福沢でさえ、「一身独立」と「一国独立」のために必要不可欠なのは、「やせ我慢」を本質とする、日本古来の「士風」であると、口を極めて力説したのです。

それが、彼の晩年のエッセイ「**瘠《やせ》我慢の説**」(1901年)です。

このエッセイにおいて、福沢は、ともに明治新政府の要人となった勝海舟《かつかいしゅう》と榎本武揚《えのもとたけあき》の2人を、名指しで批判し、徹底的にこき下ろしました。福沢の舌鋒はきわめて鋭く、「そこまでいうか」と、こんにちの私たちは、いささか戸惑ってしまうかもしれません。

福沢はこういいます。

戊辰《ぼしん》戦争の際、勝海舟は幕府を説得し、江戸城を無血開城させることに成功した。たしかにこれは、内戦によって人命と財産を失うことを回避したという点では、優れたことだったかもしれない。しかしながら、当時幕臣であった勝にとって、幕府はいわば祖国である。その祖国存亡の危機に際して、彼は、どうせ勝ち目はないと、はなからあきらめきって、戦いもしないで自分のほうから権利を投げ捨て、「ひたすら平和を買わんと勉《つと》めた」のである。

この点において、勝海舟には「**立国の要素たる瘠我慢の士風を傷《そこな》うたるの責《せめ》**」、「我日本国民《わが》に固有する瘠我慢の大主義を破り、以《もっ》て立国の根本たる士気を弛《ゆる》めたるの罪」がある。

このように福沢は勝を断罪し、「一時の兵禍《へいか》を免《まぬ》かれしめた」ことと、「万世《ばんせい》の士気を傷つけた」こととの、どちらがほんとうに、将来の日本にとっての大事だったのかと、あらためて問うのです。

では、榎本武揚のほうはどうでしょうか。

彼は、旧幕臣として、箱館・五稜郭で、最後の最後まで、勇敢に戦い抜いた。勝ち目がないのはわかっていながら、「武士道の為《ため》に敢《あえ》て一戦を試みた」のは、まさに「武士の意気地《いきじ》すなわち瘠我慢」にほかならない。じつに「天晴《あっぱれ》」である。勝海舟とは比べものにならない。

まずはこのように、榎本の「やせ我慢」を、福沢は称賛します。

ところが、と彼は続けます。

その榎本が、新政府に降伏したあと、心機一転、立身出世の志を起こし、新政府に仕えてずいぶんと出世した挙句に「富貴《ふうき》得々《とくとく》たり」とは、いったいどういう了見か。彼に付き従って、箱館で死んでいった者たちはどうなるのだ。恥ずかしくないのか。いやしくも恥を知る者であれば、いまさら出世など求めず、志を同じくして死んでいった者たちを思い、ひっそりと隠れて生きることこそ、「本意」というものではないか。

このように断じるのです。

「功名」と「富貴」

そして福沢は、結論として、こういいます。

結局、勝と榎本の2人の、何が問題なのか。

それは、この2人が、ともに(結果として、ではあっても)、「功名」を捨てて「富貴」を得てしまったところにある、と。

彼らは、一度は義のために尽くし、栄誉（功名）を得たというのに、その後、身の安泰や立身出世（富貴）を、筋違いに得てしまったことによって、せっかく得た栄誉を台無しにしてしまった。

このことによって、彼らは、「富貴」を犠牲にしてでも「功名」のために生きるという、「やせ我慢」の「士風」を、ダメにしてしまった。そして、**結局は「富貴」が大事なのだ、「功名」など、いくらあっても食えないではないかというような、いわば奴隷根性を、日本の世に蔓延《はびこ》らせてしまった。**

この一点において、彼らは将来の日本に、ほとんど取り返しがつかないほどの禍根を残してしまったのだ。そう福沢はいうのです。

福沢にとって、これはそれほど根本的な、重大問題でした。

そして、そうであるがゆえに、このように彼らを厳しく論難した者もいた、という事実を残すことによって、かろうじて、まだ将来の日本に「士人の風を維持する」こともできるかもしれない。

そう考えて、自分はこの「瘠我慢の説」を書き残すのだ、と彼は書いています。

「近代」のほんとうの目的

福沢が、将来の日本に向けて、そう書いてから、1世紀以上が過ぎ去りました。

こんにちでは、もはや「やせ我慢」など、むしろ「してはいけないこと」にさえ、なってしまっています。

しかし、だからこそ、あの開明派で西洋主義者で啓蒙主義者だった（とされる）福沢が、どうしてそこまで「やせ我慢」にこだわったのか、考えてみる必要があるのではないでしょうか。

たしかに、それは「立国の根本」である、つまり、国家の独立を維持するために必要なものである、と彼はいっています。

しかし、ではそもそも、なぜ国家は独立していなければならないのでしょうか。

なぜ、わざわざ苦しい「やせ我慢」などをしてまで、国家の独立を守らなければならないのでしょうか。

重要なことは、福沢にとって、これは**「栄誉」という問題**であったということです。

なぜ「やせ我慢」が大事なのか。彼はこういいます。

強弱相対《あいたい》していやしくも弱者の地位を保つものは、単《ひとえ》にこの瘠我慢に依らざるはなし。大国に合併するこそ安楽なるべけれども、なおその独立を張《はり》て動かざるは小国の瘠我慢にして、我慢能《よ》く国の栄誉を保つものというべし。

長い物に巻かれ、強い者に服従すれば、「安楽」を得ることはできるだろう。にもかかわらず、あえてそれをしないのは「やせ我慢」である。しかし、じつにそれだけが、「栄誉」を保つのである。そう彼はいうのです。

つまり彼は、人間が、人間であるということにおいて、もっとも大事なものは「栄誉」だといっているのです。

そして、じつはそれこそが、彼にとっての「近代」の意味だったのです。

本書で論じてきたように、たしかに近代とは、人間の知性が合理化し（精神史的意味）、国家と社会が民主化し（政治史的意味）、経済が発展して富が増進する（経済史的意味）時代です。

だから、近代の学校という教育制度は、すべての人間に合理的な思考の訓練を施し、民主主義の国家の政治を担う市民と、産業主義の社会の経済を担う労働者であるために、必要な知識や道徳を教える制度として、存在しています。

けれども、それらはすべて、たんに手段であるにすぎません。それじたいが目的ではないのです。

国家が独立することじたいが、近代の目的なのではありません。民主主義じたいが目的であるのでもなく、ましてや、経済の成長や発展が目的であるのでもありません。

ほんとうの目的は、これらによって維持される、人間の「栄誉」なのです。

人間が「栄誉」を獲得し、それを守り抜くということこそ、近代と、近代の学校教育の、ほんとうの目的なのです。

尊厳・自由・栄誉──「大人の道徳」の本質

では、「栄誉」とは何でしょうか。

それは、服従を恥じること、そして独立であろうとすることにほかなりません。

すなわち、**カントが人間の「尊厳」と呼び、ルソーが市民の「自由」と呼んだもの。それが、福沢が「栄誉」と呼んだものに、ほかならない**のです。

近代とは、すべての人間を、この意味での「栄誉」に浴させることをこそ、究極的な目的とする時代なのです。

そして、まさにそのためにこそ存在するのが、学校という教育制度であり、そこで行なわれる「道徳教育」にほかならないのです。

福沢は、この「栄誉」を守り抜こうとする意志を「やせ我慢」と呼びました。

カント的にいえば、それは、つい長い物に巻かれ、強い者に服従して、「安楽」と「富貴」を得ようとする「心の傾き」に抵抗し、断固として「ならぬことはならぬ」と言い張り続けることです。

ルソー的にいえば、それは、つい金で「奴隷の自由」を買い、安全で平和な「家」にとどまろうとすることに、あえて抵抗し、「わたしは奴隷の平和よりも、危険な自由を選ぶ」と、心の底から叫び続けることです。

福沢はそれを「やせ我慢」と呼び、中江兆民は、それができる人間が、「士」としての「市民」なのだといいました。

これが、私たちにとっての「道徳」にほかなりません。

これこそが、まさに「大人」の道徳なのです。

私たち近代の日本人が、「大人」になるということは、けっして修辞的な表現ではなく、むしろほとんど文字どおりの意味で、「士《サムライ》」になるということを意味します。

そして、その本質にあるのは、「私の利」を犠牲にしてでも、「公の義」に尽くそうとする、「やせ我慢」にほかならないのです。

第7章のまとめ

◎学校は「市民的徳」の訓練場である
◎シミンは「士民」と書くべし
◎「大人の道徳」とは「やせ我慢」であると心得るべし

あとがき

私は2015年度から、北海道教育大学という、戦前の師範学校を母体とした国立教員養成大学に勤務しています。担当は、教職課程のなかの道徳教育（正確には、「道徳の指導法」）です。ちょうど私が着任した2015年に、文部科学省から、道徳の「教科化」が告示されました。私の人事は、それを見越して、道徳教育の専任教員を採用しておこうというものだったわけです。そのおかげで、私のような、とても「学者」などとは呼べない一介の世捨て人が、いわゆる「アカデミックポスト」にありつけたわけですから、もう「教科化」様様です。

とはいえ、当時の私は何も考えていませんでした。だから、採用面接のさいに「道徳の教科化についてどう思いますか」と聞かれたとき、私はハッキリと、「私は反対です」と答え、そう考える理由をつらつらと述べ立ててしまいました。いまにして思えば、よくまあ採用してもらえたものだと、我ながら呆れるばかりです。

しかし、私はいまでは、「教科化」には大賛成です。それどころか、数学や国語などの各教科と同じ、専門免許制にするべきであると、強く考えています。

現状では、小中学校の「道徳」の授業は、クラス担任が担当しています。専門免許制とは、数学は「数学の先生」が、国語は「国語の先生」が教えるのと同じように、道徳は「道徳の先生」が教えるべきだという考え方です。各教科と同じように、大学で専門的な教育を受けて、「道徳の教員免許」を取得した教員が、「道徳」の授業を担当すべきだということです。

私が一転してそう考えるようになったのは、ごく単純な理由からです。

それは、現職の先生方も、教育大学の学生たちも、そもそも教科としての「道徳」とは何なのか——つまり、「道徳」という教科は、「何を」「何のために」教えるものなのか——が、ほとんど何ひとつわかっておらず、しかもそれをほとんど考えようともしていなかったからです。私はこの現実に直面し、激しいショックを受けました。

学校教員たちの名誉のために断っておきますが、いわゆる「熱心」な教員は、おおぜいいます。「研究熱心」な教員も、けっして少なくはありません。とてつもなく「ブラック」な学校教員という職業に、身を削って取り組むあの熱心さには、ただただ頭が下がるばかりです。

けれども、その反面で、彼らには、「そもそも学校とは」「そもそも道徳とは」という、「思想」の知識と思考が、あまりにも欠落しています。だから彼らは、ただただ、国（文科省）が

「これを子どもたちに教えよ」と命じること、つまりは学習指導要領と教科書に書かれていることを、「どうやって教えるか」という、「方法」しか考えることができません。

これでは、「道徳」は、まず教えられません。

本書でも述べたとおり、教科としての「道徳」は、「哲学」とほとんど同義です。「人間」とは何か。「自由」とは何か。「善」とは何か。「悪」とは何か。「社会」とは何か。「国家」とは何か。これらに関する哲学史・思想史を、まずはある程度きちんと学んだうえで、しかも自分自身で考えたことがある人でなければ、「道徳」を教えることは、まずできないはずです。「哲学なんか、勉強しなくたって、誰にでも教えられる」などといえる人がいたら、お目にかかりたいものでしょう。ところが、どういうわけか、現状では、「道徳なんか、勉強しなくたって、誰にでも教えられる」と、国も教員も学生も、ほとんどみんな、そう思い込んでいるのです。

これはおかしなことではないでしょうか。

本書は、このような考えに基づいて、私が勤務校で実践している「道徳の指導法」の授業内容をもとにしたものです。といっても、授業じたいは、道徳教育の思想・歴史・方法の3つの側面を扱っています。本書は、そのうちの思想編だけをもとにして、書籍化したものです。

もともと、私自身は、現職教員と教育大生をおもな対象とした「教科書」としての書籍化を考えていました。ところが、原稿（授業資料）を読んでくださった東洋経済新報社の渡辺智顕さんから、ぜひ一般向けの「教養書」として出版したい、というお話をいただきました。思いがけなかったことで、最初はいささか戸惑いましたが、そのつもりで原稿を書き改めているうちに、いろいろな意味で、これは大事な仕事だという思いが強くなってきました。そのせいで、最初は原稿の書き振りをちょっと変えればよいだろうとタカをくくっていたのが、結局、ほとんど全編を新たに書き下ろすかたちになり、ずいぶん時間がかかってしまいました。

渡辺さんには、待たされただけの甲斐はあったと思ってもらえるような文章に仕上がっていることを願いつつ、感謝とお詫びを申し上げるばかりです。ただ、おかけしたご迷惑を度外視していえば、本書の執筆は、私にとって、いろいろな意味で楽しい仕事でした。この楽しさが、読者の皆さんにも伝わり、共有できれば幸いです。

２０１８年７月

古川　雄嗣

さらに考えたい人のための参考文献 10選

ここでは、さらに深く考えたい読者のために、本書のおもな参考文献のなかから、とくに一読をすすめたいものを、10点選んで紹介します。平易で読みやすいものから、あえて、ちょっと腰をすえて読まなければならないものまで、挙げておきました。難易度を★〜★★★の3段階に分類してみましたので、参考にしてください。

第1章　なぜ「学校」に通わなければならないのか

渡辺京二『逝きし世の面影』〈平凡社ライブラリー〉（平凡社、2005年［葦書房、1998年］）★★

幕末・明治初期に来日した欧米人たちの、膨大な日本人観察記をもとに、当時の日本人と日本社会の姿を垣間見た作品。これを読むと、私たちがいま、当たり前に思っていることの多くが、じつは近代の新しい産物であったことがわかり、驚かされるはずです。「近代」とは、何を得て、何を失った時代なのかを、これほど深く考えさせてくれる本は、ほかにありません。

第2章　なぜ私たちは「合理的」でなければならないのか

村上陽一郎『近代科学と聖俗革命』［新版］（新曜社、2002年［旧版、1976年］）　★★

私たちがいま、当たり前に「正しい」ものと思っている「科学」という知識が、西洋の歴史のなかで、どのようにして登場してきたのかを、丁寧に探究した研究書。これによって、そもそも人間にとって「知識」とは何なのかを、考え直させてくれます。

第3章　なぜ「やりたいことをやりたいようにやる」のはダメなのか

デカルト『方法序説』 谷川多佳子訳〈岩波文庫〉（岩波書店、1997年）　★★

デカルトは、学問はラテン語でするのが当たり前だった時代に、あえて本書を、「俗語（日常言語）」であるフランス語で書きました。人間は、学者や貴族でなくても、自分自身の理性によって「考える」ことができるはずだからです。そういう信念に基づいて書かれた本書は、「哲学書」のイメージとは裏腹に、ずいぶん読みやすく、楽しく読めます。

第4章　なぜ「ならぬことはならぬ」のか

イマヌエル・カント『道徳形而上学の基礎づけ』中山元訳〈光文社古典新訳文庫〉（光文社、２０１２年）★★★

はっきりいって、難しいです。岩波文庫版に比べて、この新訳は（多少、厳密さを犠牲にしつつ）かなり読みやすくなっていますが、それでもかなり骨が折れます。ただ、カントが難しい理由の1つは、きわめて厳密に論理的であるからです。ということは、その論理を、1つ1つ、丁寧に追っていけば、じつはかなりわかりやすいともいえるのです。チャレンジしてみてください！

第5章　なぜ「市民は国家のために死ななければならない」のか

ジャン＝ジャック・ルソー『社会契約論／ジュネーヴ草稿』中山元訳〈光文社古典新訳文庫〉（光文社、２００８年）★★

高校の『倫理』の教科書には、かならず、「ルソーは『社会契約論』を著わし、直接民主制が理想であると説いた」と書かれています。嘘です。ルソーは、そんなことは、ひとこともいっていません！　ぜひ一度、自分自身で、読んでみてください。民主主義や国家について、世間でいわれていることが、いかにデタラメに満ちているかがわかるはずです。

佐伯啓思『「市民」とは誰か――戦後民主主義を問いなおす』〈PHP新書〉（PHP研究所、1997年） ★

西洋の共和主義の伝統を手がかりに、戦後日本における「市民」概念の歪みを鋭く批判した好著。ルソーの『社会契約論』の、きわめて平易かつ的確な解説書としても読むことができます。なお、本書の内容に関心のある人は、同じ著者の『「アメリカニズム」の終焉』を、あわせて読まれることをおすすめします。

第6章 なぜ「誰もが市民でもあり、奴隷でもある」のか

ハンナ・アレント『人間の条件』志水速雄訳〈ちくま学芸文庫〉（筑摩書房、1994年〔原著、1958年〕） ★★★

古代ギリシアの都市国家における、人間の生を分析した哲学書。共和主義の理想を、深く哲学的に掘り下げた著作であるともいえます。かなり難解ですが、一度は読んでおきたい名著です。「労働」と「仕事」と「活動」の違いや、「公的領域」と「私的領域」との峻別といった問題は、私たち自身の生のあり方を見つめ直す手がかりにもなるはずです。

レジス・ドブレ『娘と話す 国家のしくみってなに?』藤田真利子訳（現代企画室、2002年〔原著、1998年〕） ★

原著のタイトルは『娘に語る共和国』。熱烈な共和主義者、レジス・ドブレ（ドゥブレ）が、15才の娘との対話という形式で、「国家とは何か」「市民とは何か」を、これ以上ないくらい平易に解き明かしています。日本の中学校や高校で、ぜひともテキストにしてほしいものです。

第7章　なぜ「学校は社会に対して閉じられるべき」なのか

レジス・ドゥブレ「あなたはデモクラットか、それとも共和主義者か」、ドゥブレほか『思想としての〈共和国〉——日本のデモクラシーのために』［増補新版］〈みすず書房、２０１６年［旧版、２００６年］〉　★★

さほど長くはない、読みやすいエッセイですので、ぜひ一度、全文を通読してみてください。「国家」「市民」「民主主義」といった概念のイメージが、大きく変わるはずです。訳者による詳細な注も、勉強になります（ただし、同書に収録されている、ドゥブレ論文に関する日本人学者の諸論文は、あまり的を射ていないように私には思われますが）。

坂本多加雄『市場・道徳・秩序』〈ちくま学芸文庫〉〈筑摩書房、２００７年［創文社、１９９１年］〉　★★

J・G・A・ポーコックの大著『マキァヴェリアン・モーメント』など、西洋の共和主義研究をも手がかりとしながら、日本の近代思想に新たな解釈を試みた研究書。福沢諭吉、徳富蘇峰、中江兆民、幸徳秋水らが、それぞれに、どのような将来の日本を展望していたのかが、解き明かされています。たんなる「近代」ではなく、「日本の近代」を、私たちはどうしていけばよいのか。それを考えさせてくれる、稀有な名著です。

その他のおもな参考文献（本文中で言及したものに限る。五十音順）

フィリップ・アリエス『〈子供〉の誕生――アンシァン・レジーム期の子供と家族生活』杉山光信・杉山恵美子訳（みすず書房、１９８０年［原著、１９６０年］）。

カント『永遠平和のために／啓蒙とは何か 他3編』中山元訳〈光文社古典新訳文庫〉（光文社、２００６年）。

九鬼周造「日本におけるベルクソン」坂本賢三訳（『九鬼周造全集 第一巻』岩波書店、１９８１年、所収［初出、１９２８年］）。

バーナード・クリック『シティズンシップ教育論――政治哲学と市民』関口正司監訳（法政大学出版局、２０１１年）。

小山薫「『ハンサムウーマン』再考」（http://www.dwc.doshisha.ac.jp/yae/column/130405_2.html、２０１３年［２０１８年6月17日最終閲覧］）。

佐伯啓思『西田幾多郎――無私の思想と日本人』〈新潮新書〉（新潮社、２０１４年）。

佐伯啓思『「アメリカニズム」の終焉』〈中公文庫〉（中央公論新社、２０１４年［ティビーエス・ブリタニカ、１９９３年／増補版、１９９８年］）。

佐伯啓思『日本の愛国心――序説的考察』〈中公文庫〉（中央公論新社、２０１５年［ＮＴＴ出版、２００８年］）。

佐藤学『教育方法学』（岩波書店、１９９６年）。

品川区教育委員会編『品川区小中一貫教育要領』（講談社、２００５年）。

施光恒『英語化は愚民化――日本の国力が地に落ちる』〈集英社新書〉（集英社、２０１５年）。

田中秀夫『文明社会と公共精神――スコットランド啓蒙の地層』（昭和堂、１９９６年）。

辻本雅史『「学び」の復権――模倣と習熟』〈岩波現代文庫〉（岩波書店、２０１２年［角川書店、１９９９年］）。

中江兆民『民約訳解』（『中江兆民全集　1』岩波書店、１９８３年、所収［初出、１８８２年］）。

中江兆民『三酔人経綸問答』（『中江兆民全集　8』岩波書店、１９８４年、所収［初出、１８８７年］）。桑原武夫・島田虔次訳〈岩波文庫〉（岩波書店、１９６５年）。

新渡戸稲造『武士道』矢内原忠雄訳〈岩波文庫〉（岩波書店、１９３８年［原著、１９００年］）。

福沢諭吉『明治十年　丁丑公論・瘠我慢の説』〈講談社学術文庫〉（講談社、１９８５年［初出、１９０１年］）。

オギュスタン・ベルク『風土の日本――自然と文化の通態』篠田勝英訳〈ちくま学芸文庫〉（筑摩書房、１９９２年［原著、１９８６年］）。

ホッブズ『リヴァイアサン』［全4巻］水田洋訳〈岩波文庫〉（岩波書店、１９９６年）。

村上陽一郎『科学史からキリスト教をみる』（創文社、２００３年）。

ジョン・ロック『完訳　統治二論』加藤節訳〈岩波文庫〉（岩波書店、２０１０年）。

渡辺京二『近代の呪い』〈平凡社新書〉（平凡社、２０１３年）。

【著者紹介】
古川雄嗣（ふるかわ　ゆうじ）
1978年三重県生まれ。京都大学文学部および教育学部卒業。同大学大学院教育学研究科博士後期課程修了。博士（教育学）。現在、北海道教育大学旭川校准教授。専門は、教育哲学、道徳教育。著書に『偶然と運命——九鬼周造の倫理学』（ナカニシヤ出版、2015年）、『看護学生と考える教育学——「生きる意味」の援助のために』（ナカニシヤ出版、2016年）、共編に『反「大学改革」論——若手からの問題提起』（ナカニシヤ出版、2017年）がある。

大人の道徳
西洋近代思想を問い直す

2018年8月9日発行

著　者——古川雄嗣
発行者——駒橋憲一
発行所——東洋経済新報社
〒103-8345　東京都中央区日本橋本石町 1-2-1
電話＝東洋経済コールセンター　03(5605)7021
https://toyokeizai.net/

装丁・本文イラスト……………寄藤文平（文平銀座）＋北谷彩夏
カバー・表紙・章扉写真……Getty Images
D T P……………………アイランドコレクション
印　刷……………………東港出版印刷
製　本……………………積信堂
編集担当…………………渡辺智顕

ISBN 978-4-492-22383-3